*20*世紀美術系列〈大陸卷〉
百年中國油畫圖象

20世紀美術系列〈大陸卷〉

劉新◉著

百年中國
油畫圖象

The Chinese Art Icons of the 100 Years

藝術家出版社發行

目次
CONTENTS

〈07〉

自序

《百年中國油畫圖象》一書是命題之作，出題者是《藝術家》出版社的發行人何政廣先生，他的要求是按編年體的方式，選出一百幅中國油畫作品，而且是一年一幅，一圖一文，所選入的畫家還儘可能不要重複，保證與已出版了的《百年世界美術圖象》和《百年台灣美術圖象》的體例一致。

無疑，這是一個相當好的選題，是一本普及或通俗型的導覽性圖書，旨在用編年式的圖像來陳述百年間中國油畫的審美流向和文化動態，以及這個過程中出現的名家名作和在娓娓道來的簡潔文字中，讓讀者，尤其是海外讀者讀到的百年中國油畫進程中的相關文化信息。

中國的美術發展終究是伴隨著社會的進程和政治格局的變化走過來的，過去的單調文化時代是這樣，現在多元的時代也仍是這樣，這似乎是中國現代美術躲不開的一種集體宿命。尤其是抗日戰爭至今，這種社會的文化因素和意識形態化的創作指向，深深地印進了美術家們創作的思想動機裡，許多藝術上的要求都受制於這種動機。因而，對整個社會文化的生態而言，美術專業美學屬性變得不那麼重要，人們注重的是從這些貌似審美的圖像中讀出一個時代、一個問題、一個人物、一種事態的辛酸、歡樂、嚮往或者荒唐。基於這些理解，我給本書設立了一個並非純視覺審美的敘述要求，而是把每一張畫放在一個特定的文化或政治時代來解讀，力求迴避一些專業的藝術訴求，盡量寫出圍繞著這張畫而有過的文化記憶，為我、也為讀者提供一些讀畫所需的資料。

不過，有兩點特例問題，須向讀者交待清楚的，那就是在中國油畫現存和發現的資料中，一九二〇年以前的作品只有極少數的幾件，不可能連成一個完整的歷時性的編年作品順序，這與以美術為綜合畫種的編年體例是有區別的。但為了保證一百年一百幅圖的編輯要求，同時也想適當突現某個年份存在的文

化問題，這樣，便在書中重複了幾個年代，以及開頭安置了幾幅早於二十世紀的畫作，以便使油畫在中國發展的歷史脈絡更清晰。補齊一百幅作品，權當對應一百年和一百幅畫的整體規模，對此，讀者可細細察量。另外，中國最早漂洋過海到國外學油畫的李鐵夫，被選進了兩張畫，與該書編輯要求的作者不宜重複的體例似有不符。然而，一九二○年以前的油畫就那麼幾件，與一九二○年相接的一九一八、一九一九年又僅有李鐵夫的作品存世，於是便主觀著想把它與一九二○年連接起來，故而多選了一幅李鐵夫。

　　這幾年油畫的拍買業績和收藏熱度，在普遍意義上已排在所有畫種之首，大陸和台灣的收藏界更是重力搜尋中國早期的油畫遺珍。由於第一代油畫家的作品已非常稀罕，又多為國家館藏，因而很多買家均把收尋的範圍鎖定在第二、三代油畫家的作品上，這是中國油畫的實現關注與語言變革衝突最甚的兩代油畫家和意識形態與傾注眞誠交融互動的一個時代。加之有一定的時間距離，這兩代油畫家的作品和人生經歷無疑構成了中國百年油畫的主幹，也形成了中國油畫現實關懷、甚至泛政治化的凝固的標本。於是這段油畫故事走進了歷史，走進了文化回眸的研究視野，走進了中國油畫最有社會影響力的一個紅色時代。對此，史學家、收藏家們像仰望星空一樣地對它尋尋覓覓，苦自思量，實在是情理之中的事。我也是這尋覓人群中的一員。這本書便是我仰望星空的一個過程，現在我將自己的所得束之成札，獻給讀者。

　　然而，在寫這本書的過程中，不斷有其它的寫作穿插，面對這一切，何政廣先生的寬容和信賴，令我萬分感動。一本規模不大的書，拖了兩年，終能出版，首先應感謝何發行人的這份耐心。面對這份蘊含鞭策用意的耐心，我的寫作激情才沒有消散。

總論

一、昨夜星光燦爛

油畫是西方畫種，形成於十五世紀歐洲文藝復興時期的尼德蘭，在十九世紀先傳入日本，二十世紀初伴隨西學才傳入中國，在清末由外國商人在廣東興起的「外銷畫」，實際相似於中國的庶人畫或民間畫，與西方傳統文化中的眞正油畫差之千里。眞正把具有西方人文精神和造型文化內質的油畫傳入中國的，是第一代出國留學的人。他們分別是留學英美的李鐵夫、留學英國的李毅士、去法國的吳法鼎和東渡日本的李叔同、劉錦堂等人。

在這幾位先輩中，將傳統油畫和寫實功夫學得最深的當屬李鐵夫，但李鐵夫長期在國外，至抗戰前才回到香港，窮困潦倒，苦渡晚年，繪事活動極少。一九四九年被廣東省政府接回廣州，三年後病逝。因而李鐵夫的才氣與能力，事實上沒有對早年中國的油畫有太多的影響；倒是李叔同回國後，從美育入手，在上海城東女校和浙江兩級師範學校執教八年，對普及美育、開啓民智貢獻甚大。很遺憾，這樣一位才氣十足又嚴於律己的教育家在一九一八年剃度出家，皈依了佛門。吳法鼎、李毅士和劉錦堂回國後也都在學校裡從事教學工作，對中國早期的西畫教學（油畫、素描）起了一定的基礎性作用，但三位均早逝，吳、李、劉分別病逝於一九二四年、一九四二年和一九三七年。他們算是生逢亂世，卻執著於自己的藝術理想、又最終殉道的第一代油畫家。

從國外留學回來的油畫家，在新文化大潮澎湃洶湧的過程裡，基本負擔起了教育家的職責，走辦學普及之路，將油畫全面地帶入了中國。其中影響較大較深遠的當屬二〇年代相繼留法歸來的林風眠、徐悲鴻、劉海粟、顏文梁、唐一禾、陳抱一等西畫教育的領軍人物。而且劉海粟、顏文梁還是在未遊歐以前就已辦學校從事美術教育事業了；劉海粟一九一一年創辦的上海美術圖畫院（即上海美術專科學校的前身）和顏文梁一九二二年創辦的蘇州美術專科學校，在二、三十年代一直是中國美術教育的名校，也是西畫的搖籃。當然，辛亥革命後中國第一所國立藝術學校北平藝專，也羅致了不少著名的西畫家爲其服務。林風眠、李毅士、聞一多和後來轉任國立杭州藝術專科學校的法籍教授克羅多等均相繼是該校的中堅。林風眠一九二八年受蔡元培委派南下主持的國立杭州藝專，更是當時中國最有規模、最有質量的一所國立藝術學校，聚攏了大部分留法的精英，盛況空前，影響深遠。徐悲鴻則以南京中央大學藝術系爲據點，全面貫徹他的寫實主義體系，在後來的教學與創作實踐中，逐漸與政體所倡導的主流文藝思想相趨同，成爲中國油畫的中心人物和主流體系。

然而，那卻是一個國門開放的年代，又恰逢年輕的中國油畫朝氣蓬勃的時節，對外來文化的吸納能力正是來者不拒。於是，在寫實主義進入中土大行其道的同時，歐洲印象派之後的現代主義，也被年輕的中國學子們由國外移入中國畫壇與社會，在人們異樣的目光中遂成一種新潮，然後「藝術運動社」（林風眠、林文錚、方幹民、吳大羽、蔡威廉等）、「決瀾社」（龐薰琹、倪貽德、楊秋人、陽太陽、周多、段平佑、張弦等）和「中華獨立美術協會」（梁錫鴻、李東平、趙獸

等）崛起於三○年代，掀起了一股強大的現代美術的思潮，造就了一個豐富、平衡的西畫生態。若不是抗日戰爭的爆發，這種幾乎與世界美術進程相一致的美術生態興許會一直保持下去，最終進入佳境，而不會斷層了四十年後，才於八○年代由一批激進的青年畫家遲到地去營造曾經有過的多元局面（如「八五思潮」）。

　　八年抗戰和三年內戰，西畫遭到重度打擊，首先是畫家們失去了畫室、展覽和發表的陣地，再就是隊伍渙散和材料奇缺，因而，這時期的油畫家想到了遠離戰爭的西部和南洋。於是，吳作人去了青藏、戈壁，常書鴻、韓樂然、孫宗慰去了敦煌石窟（其中韓、孫二位還去了新疆），司徒喬去了新疆邊域，徐悲鴻、劉海粟則出境南亞，其餘的留守在自己的學校（含西遷的和「孤島」的）。然而在西遷過程中和西遷以後，油畫家們開始接觸了更真實的現實，了解了更真實的民生狀態，知道了戰時文化的矛頭指向是平民和通俗。這樣，中國油畫在這國難當頭的時候，才自覺地完成了從象牙塔到十字街頭和鄉土中國的全部過程，使中國油畫開始成為普羅文藝的一支主要力量。

　　這種立足於十字街頭，反映現實民生的創作態度由抗戰開始後，一直延續到抗日結束的四○年代末，使油畫躍上了一個新的台階，出現了〈騎樓下〉（楊秋人，1947）、〈北平早市〉（李宗津，1947）、〈雪中送炭〉（艾中信，1947）、〈種子〉（黃新波，1946）、〈被日寇炸毀的機場廢墟〉（韓景生，1948）等一批真誠感人、表現民生現實的社會性作品。並逐漸與延安的文藝體系結合，共同進入到五○年代，然後再接受蘇聯油畫的幫助，最終創造了五○年代社會主義現實主義的繁榮局面。

二、意識形態下的新空間

　　一九四九年後的中國大陸，幾乎可以說是一個湧現英雄和崇拜英雄的時代，也是一個重視勞動和講求貢獻的年代。盡管這個時代充滿著一些極左的悲劇，但時代的昂揚精神和人們堅強的意志，卻共同構成了這三十年中國文藝的紅色主調。

　　美國及一些西方國家出於意識形態的考慮，對新生的共和國採取了普遍敵對、封鎖的態度，六○年代初期中國又與原為社會主義老大哥的前蘇聯交惡，加上台海局勢的長期敵對，使中國大陸面臨嚴峻的國際環境。於是，防敵、防特、防蘇修和備戰、備荒、為人民的口號傳遍舉國上下，「全國皆兵」成為當時社會生活中的一道強勢風景，「國防綠」也成了人們著裝中刻意追求的流行色。在這樣的社會背景之下，英雄主義成為全國人民普遍認同的集體意識。具體到文藝創作，那就是對中國革命艱苦歷程的反覆歌頌，對軍人風采的熱情表現，對世界各地抗美鬥爭的強烈宣傳和聲援……

　　當然，對中國而言，一九四九年後，人們把戰後重建國家的希望寄托於中國共產黨的身上，中國共產黨也的確煥發出了百廢待興、只爭朝夕的建設豪情。於是，講勞動、比貢獻和學勞模，

也以特殊的英雄主義方式相繼成為一種純樸、熱情的社會風尚。盡管這之中也不免有著那場熱情大於理性的超英趕美、大煉鋼鐵和人民公社化的烏托邦運動，但文藝對勞動產生的熱情和眞誠的表現，在這個時代達到了頂峰。從中產生的一批融時代精神於勞動美感之中的作品，至今還是令八、九○年代的作家們望塵莫及，中國現代美術史上的許多「紅色經典」很自然地均產生於這個時期。

一九五五年蘇聯的油畫家馬克西莫夫受中國文化部邀請來華，擔當油畫訓練班的導師，正式標誌著蘇聯美術與主導中國文藝思想的延安派合二爲一，共同推動著中國單一卻於當時來說較爲務實的美術事業的前進輪子，高歌猛進地向前發展。出自「馬班」門下的詹建俊、侯一民、靳尚誼、王恤珠、于長拱、諶北新、馮法祀、任夢璋、王德威等，不僅爲這個時代留下了極其優秀的傳世之作，還在日後對推進中國油畫的發展，發揮了巨大的作用。同時，一批德才兼備的畫家又陸續被國家選派到蘇聯各大美術學院學習和進修，其中的油畫家有：羅工柳、全山石、肖峰、張華清、郭紹綱、林崗、李天祥、徐明華等；其中羅工柳學成歸國後，還於一九六○年在中央美術學院創辦了「油畫研究班」，畢業展覽會上，鐘涵、李化吉、柳青、杜健、聞立鵬等也爲這個時代創作了一批令人振奮、感人的經典作品。如果說二、三○年代徐悲鴻、吳作人、龐薰琹、常書鴻、林風眠、吳大羽、顏文梁等人留洋學畫，算是中國油畫第一次啓蒙、第一個高潮的話，那麼五○年代的留蘇學潮和在蘇聯體系指導下的油訓班、油研班，則算是第二次啓蒙和第二個高潮。

由此往後的中國寫實油畫得以迅速提高，成績斐然，其根源、動力多在於此。這批在蘇聯造型體系和創作方法的訓練下，迅速成長起來的油畫家，給二十世紀的中國油畫留下了一批與過去的中國油畫風貌截然不同的優秀作品，經過他們的努力，中國油畫在相對鎖國的條件下，使已經備受西方現代主義思潮衝擊、挑戰的西方寫實油畫得以在中國發揚光大。相對二、三○年代的中國油畫而言，這批作品的共同特點是造型紮實、內容昂揚向上、人物豐富眞實、構圖嚴謹、有政治熱情。

一九六六年「文革」開始，原先已漸趨成熟了的藝術與生活的創作方法，被異化爲以階級鬥爭爲主線和狂勢的個人崇拜的創作定勢，高、大、全的人物塑造、眾星捧月式或傲然獨立的領袖形象，成了此時油畫家回避不了的創作要求，甚至是一種自覺。盡管是一種自覺，但畢竟「文革」是一個動亂的年代，正常的文化活動幾乎停止了，老一輩的油畫家和五○年代培養的那批優秀畫家大多被批鬥、打倒、挨整。因而，「文革」鬧得最凶的那幾年，油畫作品微乎其微，直到一九七二年動亂局勢平靜下來後，開始舉辦全國美術展覽，才出現了一些恢復藝術與生活這種創作方法的好作品。盡管如此，少許作品仍有殘存的「文革」風尚，但已在相當程度上克服了公式化的創作毛病，開始恢復了五○年代創作方法上的一些好傳統：那就是重視了對生活實感的體驗，強調了造型能力於創作的作用，摒棄了劍拔駑張的鬥爭氣氛。

一九七六年，周恩來、朱德、毛澤東三位國家領導人在一年裡相繼逝世，然後「四人幫」被

粉碎，華國鋒上台，這一系列政治性事件構成了中國美術創作的基本態勢，於是畫悲痛的人民緬懷老一輩無產階級革命家、清算「四人幫」的罪行，甚至表現「你辦事，我放心」的華國鋒神采⋯⋯成了畫家們普遍關注的創作熱點或被領導指派的創作任務。從大的方向來說，這時期畫家的創作心態和作品的表現內容，仍是意識形態的反映，並沒有擺脫泛政治化的羈絆，所不同的是在具體題材的空間裡，開始觸及了一些「文革」時期不允許表現的題材禁區。隨著揭批「四人幫」運動的深入，對「文革」反思的作品漸次增多和近於大膽暴露。

三、揮別過去，重頭再來

一九七八年中國共產黨「第十一屆三中全會」召開，徹底否定了給現代中國帶來災難命運的十年「文革」，確立了撥亂反正、改革開放的基本國策。於是在思想文化領域，許多禁區被衝破，過去許多不敢談、不能談的問題，逐漸都成為了人們反思歷史、打破僵化和推動事業前進的有力利器。

在美術界，傷痕美術的興起和對形式美、抽象美以及藝術本質的討論，則是較為觸動人們思想和藝術變革的幾個主題。加上全國高校恢復了已經中斷十年的高考制度，這樣，一方面使正規的學院教育得以重新確立，另方面也使積壓了多年的優秀人才有了一個總爆發的機會。這批相繼在一九七七年和一九七八年走進大學校門的大齡學子，後來基本都成了八○年代中國油畫問題和思潮的主要實踐者。正是在這樣的政治與文化背景下，中國油畫突然變得真實起來，藝術個性也在豐富的文化格局中得到滋長，許多作品開始有了反思、批判的意識，以及人情、人道的內容，形式美感的問題也成為畫家們積極探求的一個重要領域；完全改變了「文革」時期充滿畫壇的那一張張概念化的笑臉和到處要麼鶯歌燕舞，要麼個個橫眉冷對的人物譜系。然而，畫畫也由此變成了理性思考的手段，而不像過去是社會生活，甚至意識形態宣傳的工具。於是在八○年前後陸續出現了〈父親〉（羅中立）、〈西藏組畫〉（陳丹青）、〈春風已經甦醒〉（何多苓）、〈再見吧！小路〉（王川）、〈春〉（王亥）、〈那時我們還年輕〉（張紅年）、〈永恆〉（張宏圖）、〈伯樂〉（王懷慶）等一大批以傷痕、知青、鄉土和反思題材為主線的現實主義作品，標誌了中國油畫第四代畫家的崛起。可以說從七○年代末開始的對「文革」創作定式的否定和畫真實生活的藝術理念即是由他們開始，同時也畫出了一批讓人們心悅誠服的油畫作品。

「四人幫」打倒了，唯題材論的陰影已不再籠罩於畫家們的頭上，然而在一個集體意識的年代裡，多年養成的主題創作的定勢思維，並不是開放後一夜之間就可以去掉的，那種集體意識下狹窄單一的創作思維還是在一些全國性大展的體制內顯現出來。與此相對，一些剛剛萌芽的個體性思想，及由此而帶來的個性化藝術追求則是通過民間的渠道，以畫會、群體的形式表現出來。這些出現於八○年代初的各種畫會和群體共同構成了中國美術現代化進程中的第二個浪潮，其中寓含了大量極有生命活力的探索的新一代。

　　對中國美術的現代化進程而言，這一代新人是至關重要的一個群體。因而在一九八四年全國第六屆美術展覽的保守狀態與圍繞著它而蓬勃興起的革新趨勢極不協調的情況下，由這一代人直接催化了八五美術新潮降生的態勢。於是以反傳統和觀念更新爲旗號的青年美術創作全面啓動了中國美術的現代化步伐，加之八○年代文化熱的外部思潮的推波助瀾，中國原有的五○年代模式和「文革」模式全面動搖。

　　在現代性這一個總目標下，老、中、青三代油畫家的探索狀態是一致的。像劉迅、吳冠中、韋啓美、羅爾純、靳尚誼、詹建俊、王懷慶、陳鈞德、葛鵬仁等中老年畫家都有新的、與過去的「我」完全分裂的現代風貌。青年畫家則憑借良好的學院修養，更是大膽地在現代畫風的道路上往前走，有的甚至直接模仿西方現代派的手法。應該說這時期的藝術個體都懂得了尊重眞實和自我的重要，他們有追逐現代性的目標和激情，因而從文化的現代進程來講，這種夾雜著模仿西方的藝術實踐既是一個必然的過程（包括失誤），也是打破舊規則、營造現代格局所需要的急先鋒。

　　八○年代的美術生態，除了青年美術思潮是其主流外，中老年油畫家的實踐和創作思想也沒有離開這個時代總體的文化問題與課題。譬如對油畫語言，尤其是寫實語言的講究和重新學習，以及對現代派油畫的介紹與研究，就是其中很有普遍性的畫壇現象。前者以突破蘇俄油畫獨尊的語言系統爲基本導向，將視野觸及到了西歐的古典油畫、近代油畫和現代的照相寫實的技巧領域。後者以中央美術學院油畫系四畫室的成立爲標誌，第一次使現代美術納入了學院的教學體制，改變了過去現代美術在野的草莽狀態。因而，整個八○年代的油畫除更新觀念是其主體的導向之外，在技術上還面臨著一次新的語言革命，在體制上也迎來了一次全新的機會，那就是現代油畫的社會化和學院化。

四、遼闊的地平線

　　一九八九年「中國現代藝術大展」後，中國激進的新潮美術在一片批評聲浪中嚴重受挫，這樣，由「八五」思潮所引發的中國現代藝術暫告一段落。隨後代之而起的是對它的清理和反悖，於是中國大陸內的現代美術舞台上便出現了一股被藝評界稱之爲「後八九」的美術現象或思潮。這種現象的藝術特徵即是新生代畫家群的出現成爲畫壇的強勢導向，他們所倡導的近距離觀照周遭生活的新客觀風格和以都市生活爲世俗主流的玩世現實主義創作方法，頃刻間消解了「八五」思潮以來畫壇的嚴肅主題。六○年代出生的第五代畫家以一種相悖於第四代畫家的創作心態，從容灑脫地走上了畫壇。

　　也許是一種時代的集體無意識下的行爲默契，全國各地的很多六○年代出生的新生代畫家，都不約而同地畫自己身邊非常平常、甚至無聊的生活狀態，在表現上還運用了不少調侃的手法，這種「眞實」無疑是八九以後青年人面臨藝術導向的重新選擇時所持的一種旨在顛覆「八五」思潮的精神狀態。劉曉東、王浩、陳淑霞、毛焰、方力鈞、李天元、劉麗萍、喻紅、申玲、韋蓉等

即是帶著狀態出現於八九以後的中國畫壇，對油畫的青年思潮影響甚大。

　　相對八〇年代末的油畫態勢，九〇年代的中國油畫出現了前所未有的寬容和更穩健的激進步伐，四世同堂的互動局面使中國油畫的繁榮、豐富得到了切實的保證。由於消費時代的娛樂特徵對人的思想行為的影響和對崇高指標的逆向，青年人只樂意接受身邊瑣碎的真實，過去一向被認為很嚴肅的事物，這時都成了青年畫家們私下裡在作品中調侃、解讀的對象。於是，流行文化的趣味很快滲入到油畫中來，並成為一種新的時尚。極端生活化的調侃、政治波普的風格和艷俗的藝術理念、手法都成了油畫中很明顯的時代特徵。這種特徵的強勢覆蓋面，幾乎構成了中國美術的第二個青年新潮。

　　相比之下，原先在八〇年代就已有很大成績的一些中老年畫家，則朝著表現、抽象或理性的方向發展，在風格手法和藝術觀念上，大大背離了自己過去傾心情節敘述與形式探索的藝術之路，隨著時代的進步潮流逐漸實現了對自己舊我的超越。這撥畫家大多是經過激昂熱烈之後歸於平淡的取向，因而對純粹性的藝術提煉和嚮往，使他們的作品更富於詩意，更有了精神色彩或文化的社會性思考，與新生代的市民心態及娛樂性形成鮮明對照。聞立鵬、詹建俊、鐘涵、王懷慶、俞曉夫、尚揚、張曉剛、周長江、羅中立、于振立、戴士和、周春芽、何多苓、曹力、程叢林、賈滌非等，均是這一現象中有代表性的畫家。

　　顯然，在九〇年代，寫實油畫仍然是主流。與八〇年代不同的是，這時期的「寫實」一詞已是在一種更寬容的創作環境裡被接納、被認識，對寫實技術的掌握也更深入、更紮實。寫實油畫也從此變得更個人化、更有藝術的風格魅力，完全擺脫了過去寫實油畫的簡單模式。除上述的一批畫家之外，馮法祀、靳尚誼、朝戈、譚滌夫、宮立龍、韋爾申、石衝、龍力游、冷軍、鐘飆等老、中、青三代油畫家都共同將寫實油畫賦予了新的時代內涵，進而將中國的寫實油畫推上了現代的藝術之路。在他們筆下出現的寫實語言，已不再是純粹客觀物象的顯現，而是極具主觀視角和精神的語言圖像。這種不同風格取向，但卻同屬寫實體系的油畫，在藝評界裡均被稱為新客觀或新具像的新學院主義，他們大致代表了中國油畫向現代漸變的主流方向。

　　另一波完全生活在遊戲的主觀世界裡的青年畫家，更是採用具象的手法，將一個很現代化的幻想景觀展現於當代人的油畫視域之中。他們在油畫中所展現出來的想像力和細密奇怪的具象能力，在中國油畫中前所未有。豈夢光、唐暉、劉大鴻、景柯文等人都非常熟練地將現代文明的物質景象和生活方式，乃至「文革」的圖像資源，運用於他們獨特的油畫表現之中，在九〇年代著實開闢了一個夢幻、超現實的大世界圖景。

　　九〇年代的油畫就是在這樣一個風格多樣、交織，並凸現個性與民族風尚的現代平台上，改變著自身舊有的面貌。

1－十六世紀末 (約)〈野墅平林圖〉

利瑪竇（Matteo Racci 1552-1610）

　　繼一四九二年哥倫布遠航發現美洲大陸，歐洲的一些航海列強皆把探險的航向投向了東方，如西班牙、葡萄牙。他們組成龐大的商業和軍事船隊，沿非洲西海岸南下，繞過好望角進入印度洋，再逐漸北上中國、日本。沿途掠奪財富與資源，還實施武裝佔據。

　　葡萄牙人是一五五三年登陸中國澳門的，當時中國明朝官員不爭氣，一五五七年便被葡萄牙人竊據為殖民地。至此，這個中國南方的近海島嶼，便成了近代西方商貿和文化進入中國的一個橋頭堡。從一五四〇年開始，羅馬教皇保羅三世受葡萄牙國王的要求，開始派遣耶穌會隨商船隊伍來中國傳教，推行西方的宗教思想與文明成果。有資料統計，至一八三九年止，在中國的歐籍傳教士即有六十五名。這些傳教士所做的事情中，傳入繪畫即是這種西學東漸中的一個內容。

　　我們今天能看到有作品傳世的傳教士，最早的要數利瑪竇。

　　利氏是義大利人，原名叫馬太奧‧利奇，精通數學、物理、天文，擅長製造鐘錶、繪畫和雕刻。一五八一年受耶穌會派遣，經過五年的航海來到中國，中文名字為利瑪竇。先是在澳門、廣州、肇慶和韶關傳教，後於十六世紀六〇年代北上南京和北京，得到萬曆皇帝的禮遇，在宣武門內賜屋居住，每月還有銀兩相待。利瑪竇則將西方的聖母像、自鳴鐘、繪畫等做為進貢品送與皇帝。我們現在從文獻上看到有關西畫置於中國人面前的文字記載，也是從利瑪竇開始的。

　　用今天的話說，利瑪竇即是最早的漢學者，他精通中文和中國傳統典籍，他在中國的二十八年間，用漢語撰寫和翻譯了很多介紹西方科學知識的著作，同時也替西方社會撰寫了不少有關中國文化的圖書。在早期傳教士中，像利氏這樣熱衷中西文化介紹，並有如此多的著作出版的人著實不多。這幅畫就材料而言，算不上是油畫，因為是中國傳統繪畫顏料的石綠、石青、赭石和毛筆、絲絹繪製的，連型制都是條屏樣式，但整修畫面的物像結構、透視方法和明暗效果，以及風景的情調，又出自於地道的西方古典油畫的審美系統，因而油畫的特色非常濃厚。雖然畫面繪的是北京秋天景色，但與西方古典風景畫沒有什麼兩樣。

　　利瑪竇在中國畫這幅畫的時候，油畫還完全不被中國上層人士所認識和理解，直到清雍正期間鄒一桂都還認為西洋畫「筆法全無，雖工亦匠，故不入畫品」。另外他掌握的中國傳統繪畫在利氏手上也僅是一點皮毛，這種中西不通、左右為難的狀態，使利瑪竇畫出了這幅西畫味很重的中國條屏畫，因此，完全可看作是西畫原理、方法在中國生根、成長的一件重要物證。至於是中國人所畫，還是外國人所繪並不重要。對照鄒一桂《小山畫譜》中說的「畫忌六全」之說，一曰俗氣，如村女塗脂；二曰匠氣，工而無韻；三曰火氣，有筆仗而鋒芒太露；四曰草氣，粗率過甚，絕少文雅；五曰閨閣氣，苗條軟弱……似乎沒有一條不是針對利瑪竇的〈野墅平林圖〉而批評的，可見，明清兩季，西畫在中國的處境是何等困難。

▌野墅平林圖

利瑪竇　絲絹、中國繪畫顏料　273.2×218.2cm　約十六世紀末　遼寧省博物館藏

2－1850年 (約)〈維多利亞城及海港〉

煜呱（Youqua around 1850）

中國油畫最初從西方舶來，大概是通過兩個管道，一是民間文化往來中的傳教活動和貿易交流；二是菁英階層的留學方式。其中傳教士所帶來的油畫大多服務於宮廷，其格調、技藝均不是西方傳統油畫的正宗，也唯其這般，才迎合了中國皇帝、王爺們的欣賞趣味。這類不中不西的光滑滑、呆板板的肖像，和好似攝影棚裡人造佈景的風光畫，現在，在北京故宮和瀋陽故宮裡還藏有一些呢。畫這種畫的大多為洋人，也有少許中國人。

隨著商業需求而興盛於廣東沿海的外銷畫，比起上述在宮廷裡打轉的油畫則更進了一步，它利用民間的商業管道將西畫（水彩、油畫和素描）逐漸流布於中國的市井社會，其中油畫就是很受老百姓歡迎的畫種。當時就有廣東、福建沿海專門的畫室、作坊來生產這種外銷畫，讓外國商人、僑民或少量的中國人購買，名曰「外銷畫」，實指於此。現在，我們從香港藝術館裡仍能看到不少這種在當時深受外國商賈們喜歡的油畫，這類畫的內容多是沿海的中國小城鎮的風光以及俗世民情，比起呆板的王公貴族們的肖像來，著實有些社會的生氣，頗討外國遊民的喜歡，難怪能在商旅中流通。然而，這種流通方向基本是向外的，好讓外國人隨船帶回國去，因而，迄今在中國已很難看到這種畫跡的遺存，既便有，也是過去香港殖民地時期保存的一些，如存於香港藝術館的那些外銷畫即是。

後來隨著照相機的發展和普及，用相片透過印刷術大量製成的名信片，更多更快更準確的記錄了中國的風光民情，由於它便於郵寄和攜帶，於是外銷畫便逐漸在明信片的取代下，於十九世紀末衰落下去了，這樣，油畫才得以回到它原有的藝術位置，等待中國知識界的李鐵夫、李叔同們的虔誠拜謁。

這幅〈維多利亞城及海港〉是一位名叫煜呱的中國本土畫師的外銷畫作品，畫的是十九世紀中期香港維多利亞海港繁忙的景象。當時這種溫雅恬靜的畫風十分盛行，也投外國商人的所好。從一些史料上看，這種畫得小心翼翼、面面俱到的油畫，有一名英國畫家齊治・錢納利是高手，他在澳門開畫室、授徒弟，並賣畫終老。跟他學手藝的人很多，其中有一位中國人，叫關作霖，學成後在廣州開畫店，因畫技高超，又最得錢氏真傳，後來居然成了跟洋師傅爭飯碗的畫師。他那幅睜著一雙炯炯有神大眼的自畫像，現在已成為中國早期油畫的絕品，而在多種畫冊上與今人對視。那些隨他習畫的小弟子們，如煜呱則長期鮮為人知了。

其實，這批外銷畫除實錄自然景物外，並沒有明確的藝術追求和品味，我們現在認識它們，只是為了瞭解西方油畫最初進入中國時是何種的情境，在民間是何等的通俗普及，僅此而已，完全不奢望在他們的作品中會有某種菁英化的因素出現。因而，不論錢納利、關作霖、關喬昌，還是煜呱，都是一片具有公共性的民間生態。那時已出現於歐洲的印象派和根深蒂固的西方寫實傳統，還沒有成為西學東漸中對中國人產生影響的文化呢！

維多利亞城及海港

煜呱　油畫（十九世紀外銷畫）　尺寸未詳　約1850年

3 ─清末民初〈仕女肖像〉 佚名（unknown painter）

　　在清末民初，流行於民間社會中的外銷畫，所畫的內容多是些風光俗相，專門給那些到東方經商、旅遊的外國人買回去做紀念之用的，其功能與今天我們在旅遊區拍照或買名信片權作紀念相似。相比之下，流傳於宮廷裡的油畫則不同了，因為西方繪畫技術相較中國傳統水墨而言，有寫真的本領，故而常被用來給皇室人員畫像之用。雖然，不喜歡「陰陽臉」的中國人，在欣賞習慣上接受洋人手繪肖像這一套做法要有一個過程，但最終還是驚羨西人的寫真術而樂於上相了，從慈禧太后後到王公大臣都不同程度地趕過這種時髦。

　　然而，這等好事在沒有照相機的十九世紀的中國，很快由宮廷流入民間，成為一種社會時尚，從業人員中有洋人，也有中國人。這幅穿著旗裝的女子肖像，大約就是當時中國畫師的商業性作品，作畫時間大概是清末民初。由於是商業之作，故無須署名，恐為民間畫師所為。也因為是民間畫師，才是這樣的從邊緣上學到一些表面的，不正宗的油畫技術，故而只求得大形體的光滑描繪，尤其是臉蛋的端莊模樣，著實讓畫師花了不少功夫，至於衣服裡的結構就不甚了了。在專業畫家的功夫上有時都感到難於畫好的手，到了這位民間畫師的技術上就更是有紕漏了；畫得毫無結構性，且比例也不對，色彩也很單調缺少變化，看了深感僵硬。

　　這就是當時，甚至現在典型的中國民間油畫的樣式，也是知識分子出洋留學以前中國人普遍認識油畫的一種標準，其形式手法有點類似民間的佈景畫或炭精畫。中國男子眼中的那種弱不禁風、三尺金蓮的病態美，在這幅女像中，也成了民間油畫家慢塗細描的陶醉對象。至於當下或未來油畫將在中國扮演何種角色？油畫在西方究竟是何種模樣，在這個時候確實沒有一個中國人知道。

■ 仕女肖像
佚名　油畫　尺寸未詳　清末民初

4－1911〈自畫像〉李叔同（Li Shu-Tong 1880-1942）

　　進入二十世紀，西方世界的一個顯著變化就是攝影機的出現，並由此改變了人們的許多生活方式和文化習慣。此時的中國，早已迫於西方的船堅礮利，向西方開放門戶很多年了。於是，一些洋玩意的傳入自然成了中國人適應西方文化的契機。過去慈禧太后還樂意請美國女畫家卡爾小姐替她自己畫肖像，這下，在西風新世面前也變得時尚起來，改請洋人攝影了。

　　在南方沿海地區，攝影名信片的流行更是徹底的送走了外銷畫的市場。這樣，油畫的藝術指標成為知識界的人文選擇，已是水到渠成之事。

　　一九一〇年前動身到國外畫界看個究竟的中國人有這麼幾個：李鐵夫（1885 年出國）、周湘（1898 年出國）、李毅士、李叔同（1906 年出國）、曾延年（1906 年出國）、馮鋼百（1906 年出國）、陳師曾（1912 年出國）。其中，李鐵夫、馮鋼百、周湘和李毅士是遠赴西歐學習油畫的先驅；李叔同、曾延年和陳師曾則是東渡日本取經的。由於各人的際遇不同，回國後每人對中國油畫產生影響的程度也不一樣。但真正對中國油畫有推動影響的並不多，李叔同即是不多中的一位。

　　李叔同主要是立足美育的立場，在學校裡進行著既普及、又超前的美育活動，影響很大，比蔡元培提倡的「以美育代宗教」的活動還要早。他精通音樂、戲劇、繪畫、書法和文學，在這幾個領域中迄今為止都有較高的學術地位。可以說像他這樣精通藝術，又有較全面藝術素養的畫家、教師，在早期留洋習畫的前輩中絕無僅有。他在日本組建的「春柳劇社」和男扮女裝的「茶花女」，以及在浙江兩級師範學堂開設的人體模特兒寫生課程，均是中國近代社會開風氣之先之舉，由他譜曲填詞的〈送別〉歌曲，更是風靡了幾代的中國人。在中國文化史上的李叔同，首先是以一個文化界名流和藝術家（而非畫家）的背景、身份置身於教育界的，這是他區別於周湘、馮鋼百、曾延年等人的優勢之處，最終對中國藝術界產生了深遠而實際的影響。他的高足豐子愷往後秉承了他的天賦和理想，在美術界長期不懈的播放著以人格、知識與趣味為理念的美育思想，在一定程度上延續了李叔同的魅力。

〈22〉

　　不知為何，在美育事業頗為順心的時候，李叔同竟於一九一八年在杭州虎跑寺出家為僧，專心修佛，除帶書法入佛界之外，一切包括藝術在內的俗物，皆棄於紅塵。憑他的才氣和執著，最終以「弘一法師」聞名佛界自是意料中的事。倒是他在藝術界的業績如何，認定起來還頗費周折，因為留存於世的作品太少了。他渾身才氣，一生傳奇，就因為剃度為僧，使得李叔同的俗物俗事變得語焉不詳，畫跡渺茫，變得與我們非常遙遠。今天只是從研究者爬梳出來的史料中得知，他在東京美術學校一九一〇年十月向二十一名學業優異者頒發的「精勤者證書」中，是唯一的一名外國學生（當時叫李岸）。另外，東京藝術學校保留的李叔同畢業證書上明確寫著「四人中一」（即當年西洋畫科只有四名畢業生）。可見李叔同在學業上的風光程度。幸得東京藝術學校保留了中國畢業生留校的大部分自畫像作品，才使我們看到了李叔同的畫作。這恐怕是迄今為止，中國美術界難得看到和知道的一幅存世的李叔油畫原作。二〇〇〇年七月這幅畫曾被借到台灣台北市立美術館展出，說來真是滄海桑田、彌足珍貴。

▋自畫像
李叔同　油畫　66.6×45.5cm　1911年　日本東京藝術大學藏

5－1912〈男子肖像〉 馮鋼百（Feng Gang-Bai 1883-1984）

這是迄今為止能見到的一九二○年以前，中國早期油畫為數僅存的幾件稀有珍品中的一件，受損無多、品像完整，作者是廣東畫家馮鋼百。

馮鋼百一生長壽，生於一八八三年，一九八四年去世，享年一百零一歲。早在一九○二年，他就開設肖像畫鋪，一九○六年遠渡墨西哥，入墨西哥國立美術學院研習油畫，導師為孟羅薩教授。一九一一年轉赴美國，相繼在舊金山的卜繼士美術學校、芝加哥美術學院和紐約美術學院接受正規的學術訓練，揉合了多種寫實體系的養料。這種轉移多師的交遊特點，與他的另一位同鄉李鐵夫略為相同，但絕沒有李鐵夫那付名士派頭，因而，在寫實的肖像畫手法中，始終保留了自己憨厚樸實的品格，並不追隨沙金（John Sargent）般的紳士裝束和筆法輕盈的美感。

也因為這種不擅交遊的性格，使他不能久居國外，而於一九二一年回國，在廣州與友人胡根天、陳丘山創辦了「赤社」美術研究會，並參與籌辦了廣州市立美術專科學校，擔任校長和西洋畫科主任的職務，由此奠定了廣東美術現代進程的早期基礎。後來廣東美術事業的發展，很大程度上與這個社團和學校有直接的關係，令人耳目一新的馮鋼百的寫實油畫技術，即是在赤社畫展和廣州市立美術專科學校的課堂中向美術界公開的。像馮鋼百這樣紮實的寫實功夫，在一九二一年的中國還是非常罕見的，所以馮先生的人望在當時達到巔峰，成為油畫界的南天一柱，與北平、上海的李毅士、吳法鼎、王悅之、陳抱一等遙相呼應，策動和鼓勵著中國油畫隊伍的萌芽。後來風雲一時的徐悲鴻、劉海粟、林風眠等人，這時還是剛剛出國習畫的學子呢！

然而，馮鋼百後來的藝途逐漸落伍於這幾位晚輩，甚至處於邊緣，直至被忘卻。其原因很多，當中主要的恐怕還是廣州的政治、經濟、文化的重要地位在一九三○年後已完全讓位於上海、南京，許多有成就的廣東畫家都紛紛移師北上，在北京、上海、南京、杭州尋求藝術發展，馮鋼百也不例外。一九三七年起，他便輾轉於上海、南京、廬山、香港、重慶等地，時而教學，時而以畫謀生，最不幸的是在重慶被當局關押，在重慶和貴州息烽集中營渡過了六年的鐵窗生活。出獄後於一九四八年再到香港。一九五○年，已六十六歲的馮鋼百受命擔任廣東省東莞縣墾殖農場的場長，完全脫離了美術界，加上抗戰那幾年動盪的生活和鐵窗歲月，馮鋼百實在是運氣不佳，也因而疏遠了藝事。

一九五六年，已過了退休年齡的馮鋼百，轉到廣東省文史館任了一個閒職的研究員，還參加了廣東省美術家協會，算是歸了隊，有了自己的時間畫油畫。現藏於中國美術館的兩幅鯉魚的靜物，就是畫於六○年代初那段閒散的時光，應該說其技術的爽倒不減當年。再往後幾年，直至七、八○年代，馮鋼百的油畫與人一樣衰老了，完全脫離了時代的美學大勢。畫於一九一二年的這幅〈男子肖像〉，永遠成了他一生中閃爍著才華光輝的物證。

■ 男子肖像

馮鋼百　油畫　48×36cm　1912年　中國美術館藏

6－1914〈河濱〉**吳法鼎**（Wu Fa-Ding 1883-1924）

　　吳法鼎在中國早期油畫史上，是一個很容易被遮蔽或被遺忘的畫家，他一九二四年就去世了。這時候，徐悲鴻、林風眠還在國外，陳澄波剛考入日本東京美術學校，顏文梁、劉海粟則尚未出國呢。而他在這之前已在國外學了八年畫，回國教了五年書了。死得這麼早，畫作自然留存不多，在死後的離亂日子裡，要保存這些本來就不多的作品，更是難上加難。現在中國美術館收藏有他畫於巴黎留學時期的三幅寫生，尺寸很小，且有一張破損，恐怕這就算是存於世上的唯獨三張吳法鼎的原作了。一九六二年《美術》雜誌刊有他的一篇小傳，並附了一幅黑白圖的〈王夢白〉油畫肖像，此圖該是印刷品翻製，但仍可依據它，看到吳法鼎回國後的一點寫實風格。

　　吳法鼎是河南信陽吳家店人，字新我，一八八三年出生，為書香門第之後，十四歲就考入北京「譯學館」學習法文和經濟。一九一八年畢業，回家鄉辦了三年的新式小學。一九一一年河南省選派首批赴歐留學生，吳法鼎即被選中，遠赴法國學習法律，後棄學，改入Acadeueie Corarausse美術研究所研習美術。不久，再進巴黎美術學校。一九一九年回國應蔡元培之邀，到北京大學畫法研究會任西畫導師，與分別由日本、英國回來的陳師曾、李毅士共事。一年後轉聘北京美術專科學校，任教務長，而西畫科主任則是李毅士，二者再度共事。一九二二年還與李毅士、王悅之等同好組織了一個「阿博洛學會」，於是常將會址選在自己的家裡，與朋友們就西方藝術問題高談闊論。後來在學校裡與校長鄭錦不合，遂於一九二三年南下上海，任職上海美術專科學校的西畫教授兼教務長。半年後瘁逝於往還京滬的列車上，年僅四十一歲。其職位由老同事李毅士接替。說來也巧，「阿博洛學會」的三位朋友——吳法鼎、王悅之、李毅士都在戰亂的年代裡，先後同歸於英年早逝的殊途，不禁令人唏噓。

　　〈河濱〉這幅畫，沒有年代題記，依據畫面看，應是留法時期約一九一四至一六年左右、即在巴黎高等美術學校期間的作品，寫生對象恐怕是塞納河的黃昏。畫風屬寫實，但造型、色調、色彩的掌握卻很主觀，有意統一在一個和諧的朦朧境界裡，頗有詩意情調，而且明顯流露著那個時代的青春苦悶感，這一點與後來回國後畫的〈王夢白〉不同。難怪劉海粟說「他那溫順之氣，倘使有人放怒發狂，只要看看新吾的畫，就可以心平氣和了。畫家的思想怎樣充實，他的藝術就怎樣充實，藝術是有了內容再有外形的。有了新吾那樣溫和純正的性情，才能表現他溫和純正的藝術；有了新吾那樣較高的修養，才有他穩練的技功，這是不能勉強的。」（劉海粟「介紹現今藝壇之碩學吳法鼎」《藝術》週刊1924年35期）。吳法鼎雖然死得太早，但在早期的幾所學校裡都留下過當教授的記錄，從他當時的職位看來，還是個人物，所以，無論怎麼說，都不應該忘記他。

▌河濱

吳法鼎　油畫　26×34cm　1914年　中國美術館藏

7 — 1918〈音樂家〉李鐵夫（Li Tie-Fu 1869-1952）

　　在大多數人的眼裡，李鐵夫是中國早期油畫史上最重要的畫家之一，主要原因是他留學國外最早（１８８５）。與另外早期的幾位畫家相比，李氏的畫技、格調都高超、純正得多，而且還是老同盟會員、孫中山的好朋友，在經濟上多次支助過孫中山的革命事業。這些革命業績於他而言，都是他傳奇一生的實在本錢。然而，就對中國油畫運動的推進與貢獻而言，他的影響卻比李叔同、李毅士，甚至後來的徐悲鴻、林風眠等人小得多。

　　因為李鐵夫一八八五年是留著辮子飄洋過海，到英屬地加拿大謀生的，當時他只有十六歲，兩年後因得到叔父資助轉赴英國，考入阿靈頓美術學校學習傳統歐洲繪畫，一九一二年則在美國繼續深造，期間做過教授、拍過電影、參加過革命，直到一九三二年回香港寓居。寓港期間，又窮困潦倒，遂與中國大陸的美術界失去聯繫，縱使與政治文化界稍有一些關連，即一九四六至四七年隨國民黨資深前輩李濟深遊歷重慶、南京、上海，也是被政界圈當作一個老革命來接待，與美術的推進關係不大。一九四七年回到香港，一九五〇年廣東省長葉劍英派人將他接回廣州，禮遇有加，任他為華南文聯副主席。此時的李鐵夫已屆八十一高齡，仍是窮困，兩年後就去世了。從這些經歷來看，在李鐵夫的藝術生涯中，只有三年在大陸，大部分時間都在國外和香港，他的畫技、威望、思想，都沒有對二、三〇年代如火如荼的中國油畫運動產生過影響，大家對他的高度評價主要是從他自身藝術的完善——即高超技藝——來定論的。

　　的確，中國在二十世紀前半葉到國外留學的畫家中，能把傳統西畫的基本東西和要害學得紮實、地道的，李鐵夫無疑是一個典範指標。他塑造人物的流暢自如、得心應手，真是讓人打心底裡服膺。就拿這幅〈音樂家〉來說，畫的地方並不多，但整個人物與空間交融在一起，筆法流暢自如、貼切生動，讓人看了極為舒服，沒有那種人與空間融不在一起的毛病。整個畫面的色調溫文爾雅，不生不火，一看便知是古典的脈絡，但又不失其老師沙金的路子，非常注重調子的統一、含蓄和轉折的微妙，絲毫沒有著意炫耀色彩變化的念頭。

　　在美國時，他與沙金、切斯（William　Chase）交往過密，自認是二位的「追隨著」。但他的書法根底和傳統文化的學養又很自然地融入到筆法的運用上，這使他又比沙金、切斯更粗獷。這種特點在香港期間更能充分地體現出來。然而，李鐵夫氣質中的那種洋派和大氣，著實與他的經歷和追崇的師傅有關，而且始終如一。即便在窮困潦倒於香港時，李鐵夫也始終是西裝革履，儼然紳士風度。畫如其人，從他的油畫便知他是喝過洋水；而且是很有資歷的人，才能表現出這種純正的油畫味。

■音樂家

李鐵夫　油畫　68×56cm　1918年　廣州美術學院藏

8 — 1919〈鬥牛士〉 李鐵夫（Li Tie-Fu 1869-1952）

　　中國去西方學畫的人中，就數李鐵夫出去最早，居留的時間最長，僅是在英屬的加拿大就住了九年，徐悲鴻留歐時間的總和才恰好是這個數字。一八九六年轉回美國後，又持續了長長的三十四年，直到一九三〇年才回到香港。

　　前後加起來，李鐵夫共有四十餘年的留洋生涯。然而對李鐵夫而言，這四十餘年並不是少爺公子式的鍍金時光，而是坎坷、奮鬥、學習的大半截人生。僅就油畫技術的熟練程度來說，這四十年的確讓李鐵夫練就了一手精湛、老道、紮實的油畫造型功夫，這些作品雖然成畫的年代都很早，但後來陸續留學歐洲的大批學子中，就藝術指標而言，基本上無人能望其項背。於是李鐵夫為數不多的幾幅油畫肖像，便成了中國早期油畫中品味最純正的歐式傳統。

　　李鐵夫曾自稱自己在一九〇五到一九二五年之間，為美國肖像畫巨匠威廉・切斯和約翰・沙金的門人。從這個線索來判斷，李鐵夫的確崇拜切斯和沙金的才能及藝術風格，並著意相隨。先是接近沙金，摹其風尚，時值一九〇五年；後來又間接受到切斯的指導，時間在一九〇八至一九一三年左右。兩年後切斯去世，李鐵夫失去了在美國學藝的精神支柱。然而十年的追隨和實踐，李鐵夫確實獲得了驚人的成績，其技藝完全可以與當時的美國畫壇與同時代的美國畫家相媲美。現在我們從下面一組資料即可看出李鐵夫在海外的風光程度：一九一三年尚是紐約一年級學生的李鐵夫就在學校的畫展上，以肖像畫奪取一等獎，第二年又以雕塑獲此殊榮；一九一五年孫中山、黃興等人均在海外報紙上撰文，贊譽李鐵夫的畫學絕藝，其中，孫中山將他譽為「東亞畫壇第一巨擘」；一九一六年被推選加入「國際畫理學會」，這不僅是當時極其權威的國際美術機構，也是該機構自成立以來，吸納的首位亞裔會員；一九一九年還加入了紐約「藝術學生聯盟」和「萬國老畫師畫院」，其中在「藝術學生聯盟」中任副教授，這在當時華人留學生中均是未曾有過的榮譽。這幅具有純正歐洲肖像油畫技巧的〈鬥牛士〉就畫於參加「藝術學生聯盟」的時期。

　　李鐵夫在油畫方面的天才不容懷疑，只要將他的作品，與幾位早期留歐的中國油畫家作比較，這份天才當是不難看出的。但李鐵夫在國外飄泊半生，不像其他留學生那樣急於回國，自然是他有較好的工作和交遊環境作後盾，他精湛的畫技也普遍得到華僑階層甚至美國畫壇的認可。相比之下，很多中國留學生都有一種強烈的教育辦學的抱負，因而回國後將大部分精力投入教育事業，又在軍閥的年代裡東奔西逃，這對安心於畫藝的錘煉當是不利的一面。李鐵夫一九三〇年回到廣州，一九三二年移居香港，擺出一付深居簡出、完全不聞不問大陸藝事的前輩處世態度，更不用說教育了，與徐悲鴻、劉海粟等輩相比，完全是另一種相反的名士派頭。

　　李鐵夫擅畫肖像，由於與孫中山交誼甚篤，因而對孫中山及其早期革命有著不同一般的情結，回到香港後，他曾打算畫「辛亥革命」和「黃花崗七十二烈士」的肖像畫，但終因戰亂、生活慘淡而沒有畫成。現在傳世的一百多幅李鐵夫的作品中，油畫大部分畫於國外，香港時期的極少，其中最精彩的要數〈畫家馮鋼百〉和〈九龍風景〉，這些畫已流露出很大的情緒，缺少了在美國畫肖像時的那份優雅閒情。

▌鬥牛士
李鐵夫　油畫　76×60cm　1919年　廣州美術學院藏

9 — 1920〈廚房〉顏文梁（Yan Wen-Liang 1893-1988）

　　顏文梁是油畫家，其油畫技巧的純正品味，在中國早期油畫中屬稀有之輩。尤其是在國外的那批寫生，既有西方自庫爾貝以來傳統油畫的嚴謹，包括語言的製作性；又有印象派活潑敏銳的藝術感覺，包括自然光色的表現。這些都是他在國外留學時學到家、拿到手、又獨具一格的東西。

　　然而他在出國之前（1928），並沒有正式地畫過油畫，倒是很認真、講究地畫過不少水彩、粉彩畫。那年頭，水彩普及於中國沿海城市的各式畫館、學校、編譯所和書局之中，適用於商業繪畫和書籍插圖。顏文梁就是在一九一一年，就業於商務印書館圖畫室（即現在的美編室）時，隨一位日籍西畫家松岡正識專習水彩和粉畫的。後來他從父親那裡聽說法國人用油畫繪製普法戰爭，其場面人物酷似逼真，才開始在松岡先生的指導下，在其水彩畫上塗抹蛋清，呈「發亮」狀，於是自認為略有了油畫的效果。有了這點本事，他便在一九一二年三月回到家鄉蘇州自學繪畫，先是在蘇州新劇社繪製佈景，後到桂香小學和錢業小學任教員；期間，顏文梁依據日本人所寫的《繪具製造法》，再次研製油畫顏料，同時，為了養家糊口，給一些畫商和朋友繪製水彩風景畫和月份牌，這些畫得極其精細的寫實作品，大多被印成畫片在市場中銷售，至今中國美術館和蘇州美術館，還保存有當年的一些版本。

　　從這些細密風格的水彩畫中，即可看出顏文梁很早就具備了精描細畫的寫實功夫，而且這種用水彩顏料繪畫的風景，又不完全是月份牌的模樣，有著嚴謹的西畫格調，如透視、明暗的運用。顏文梁剛回到蘇州時，就開始透過上海商務印書館編譯出版的《透視學》鑽研繪畫透視的學問，他對透視的講究和嚴格的實際運用，貫穿於他一生的繪畫之中。

　　一九二○年在蘇州畫的粉畫〈廚房〉，即是說明顏文梁這種早期的藝術特點最經典的一幅西畫作品。它雖然不是油畫，但顏先生為掌握油畫而做的許多西畫技巧方面的實驗和準備，都可看作是中國早期油畫的一個典型的縮影，或者說油畫過程中的一個步伐。這幅畫距今八十年，現在看，它在色調、情節和環境上絕對忠實於那個時代，透視的嚴謹運用更是無可挑剔，讓你想像不出在一九二○年，一個全憑自學又尚未留洋的顏文梁，會掌握到如此精確、自然、複雜的透視學知識，並自然地運用於畫面中。

　　用色粉顏料刻畫形象是有些難度的，但在顏文梁手上，卻恰恰是事無巨細地把所有物象完整、真實地表現出來，而且毫無生硬的劣跡，其技巧的嫻熟可謂游刃有餘、得心應手。一九二一年，他又以同樣手法、材料畫了另一幅〈肉鋪〉，與〈廚房〉相得益彰，傳世至今。

　　一九二七年秋，剛由法國攜妻歸來才數月的徐悲鴻，與蔣碧薇雙雙同到蘇州拜訪顏文梁的時候（此時顏文梁已創辦蘇州美專於滄浪亭，是一校之長了），就是看到他的這兩幅小畫，大為欣賞之餘，才極力催促顏文梁速去法國進修的。就這樣，顏文梁在第二年便把校務交由胡粹中代理，自己啟程赴法，此時的顏文梁已是三十五歲的大齡學子。

▋ 廚房

顏文梁　粉畫　48.5×64cm　1920年　家屬自藏

10 — **1921**〈秋水伊人〉**關紫蘭**（Guan Zi-Lan 1903-1986）

　　關紫蘭，是中國早期油畫史上為數極少的二、三位女性油畫家之一，二○年代初就已畫得一手很有藝術格調的油畫。這幅〈秋水伊人〉就畫於一九二一年，這一年除了方君璧已在法國高等美術學校學畫外，潘玉良則剛好啟程赴法，第二年蔡威廉也才留學比利時。從畫面筆觸的輕鬆、老練的程度和色彩運用的水準來看，關紫蘭的才氣是太早熟了。因為她一九二七年才畢業於上海的中華藝術大學西畫科，同年東渡日本留學，這樣一幅有才氣的畫，竟是畫於考入中華藝大之前的好幾年。這樣的天賦在中國油畫史上實屬罕見。

　　關紫蘭生於一九○三年的上海，祖籍廣東海南，家境極好，故而才能在優雅的環境中學習藝術。在中華藝大就學期間，師從陳抱一，由於其不凡的才華，深得陳抱一的器重和栽培。她曾於一九二七和一九三五年兩次赴日本留學，都得到陳抱一的鼓勵和支持；在日本期間，其作品多次入選「二科」美術展，畫風深受在日本具有野獸派和印象派風格的中村化元和有島生馬的影響，但關紫蘭不是左翼畫家，也沒有激情澎湃的外向型爆發力，她畫畫似乎特別的舒適自在，有養尊處優、撫花弄月的閨秀純情，因而她筆下的風景也好，人物或靜物也罷，總是別有一番大家小姐的情調和趣味。看她調色的嫻熟和用筆的率真，簡直是一種享受，當然也是極有教養的才情流露。

　　關紫蘭天生麗質，青春貌美，她愛美、愛兒童、愛乾淨清新的風景，她整個的畫畫過程，始終沒有超出一個閨閣女性普遍眼界中關懷的這幾樣東西。她的畫與她的氣質相貌有一種完全天然的暗合或者默契。在二十世紀前半葉的中國女性畫家中，關紫蘭可說是最講究情調和藝術趣味的畫家。四○年代就有評論家用「天鵝絨一樣溫馨的畫面，小鳥一樣活潑的筆觸」來形容她的油畫特質。這種評論分析可謂是知人論畫。

　　一九四九年後，關紫蘭的才氣沒有得到發揮，在大多數畫家都面臨新形勢、風格轉型的時候，關紫蘭的「資產階級情調」遇到了前所未有的難題，從體制上講，她也完全離開了自己熟悉的美術隊伍，恩師陳抱一早在一九四五年就去世了，她在上海美術界再也沒有得到一個適合她當畫家的藝術氛圍。一九四九年關紫蘭在油畫界幾乎銷聲匿跡，不再畫畫。六○年代中國美術館到上海訪畫尋藏的時候，將她二、三○年代的幾幅代表作，如〈西湖〉、〈少女〉、〈藤蘿〉等帶回北京，現藏於中國美術館。因這幾幅畫「出土見光」的緣故，在九○年代關紫蘭被畫壇重新發現。

■ 秋水伊人
　關紫蘭　油畫　尺寸未詳　1921 年　私人藏

11 — **1922**〈北京前門〉**劉海粟**（Liu Hai-Su 1896-1994）

與憨厚老實的顏文梁相比，劉海粟算是中國早期油畫史上的另一類奇人。

他一八九六年出生於江蘇常州，為世家子弟，從小養尊處優，閒散任性，少年時除在家鄉私塾和書院接受過一些舊式、新式教育之外，從沒有認真地上過一所學校，就是他自幼喜愛的繪畫，也只是在他十三歲那年跑到上海，在周湘開辦的「佈景畫傳習班」學了幾個月的「私塾」美術知識，直到他後來在社會上名聲大振，有機會去國外遊學的時候（1929），他也沒有進過一所美術學院學習，而是很有主見、很有玩興地在歐洲遊歷和考察，利用看博物館、寫生和交際的途徑，來拓寬自己的藝術視野和提高自己的藝術技藝與格調。

就是這樣非學院式的藝術履歷，劉海粟居然斗膽在一九一一年帶著家裡給的一筆錢，與幾位朋友在上海乍浦路開辦了一所美術學校——上海圖畫美術院。還按照洋畫冊上的要求，在美術學校採用了畫裸體模特兒、旅行寫生、編輯出版校刊等正規的教學設置，為中國早期的新式藝術教育增添了一片光彩，繼李叔同之後開啟了藝術教育的新風氣。他自己也因此獲得了極大的社會聲譽，被政府邀請派往日本考察美術，又得蔡元培函請至北京大學講學，並舉辦畫展。期間借重蔡元培的關係，得以置身於一個名流如雲的交際圈子裡，胡適、徐志摩、陳獨秀、李毅士、陳師曾、吳法鼎等人都是這時候與他結識的。

這種交際對他來說是如魚得水，為他後來的藝術坦途奠定了很好的基礎。此時劉海粟正在北京風光耀眼的時候，顏文梁也在蘇州開辦了自己的美術學校，畫出了粉畫〈廚房〉和〈肉鋪〉，只是尚沒有弄懂畫油畫的方法。相比之下，劉海粟已無師自通，膽大張狂地闖入了油畫之門。面對畫布他毫無顧忌，放筆而為，畫了很多血氣方剛的油畫，在北京完成的〈北京前門〉即是其中之一的代表性作品。畫中的前門，高大厚實，自有一種悲涼與冷漠的情調。用筆的粗闊，用色的厚塗，一如劉海粟大氣磅礡的性格。

此時的劉海粟，少年得志，如日中天，氣貫長虹；一種我行我素的優越感充盈筆端，物象、筆觸大氣磅礡，色彩強烈沉穩，似乎天生一股從不懼怕油畫的猛勁，把油畫駕馭得服服貼貼，沒有半點生疏之感。在作畫過程中，對油畫的語言之味，事實上他並不體會多少，但他卻像是油畫的主人一樣，操縱著話語的權力。這種在自信中充滿著強悍生命力的張狂個性，深得蔡元培的喜愛，親自提筆撰文在當年的《北京日報》上介紹劉海粟及其藝術。說：「他的個性是十分強烈，在他的作品裡處處可以看得出來。他對於色彩和線條都有強烈的表現，……和那纖細女性的技巧主義是完全不同。……他總是自己走自己要走的路，自己抒發自己要抒發的情感。……他的製作，不是受預定的拘束的。所以列君的藝術將來的成功，或者就在此。」這一年劉海粟二十六歲，蔡元培五十四歲。

▍北京前門

劉海粟　油畫　79×60cm　1922年　上海劉海粟紀念館藏

12—**1923**〈浴後〉方君璧（Fang Jun-Bi 1898-1986）

　　二〇年代的中國，在社會上嶄露頭角的女性畫家微乎其微，僅有方君璧、關紫蘭、蔡威廉、潘玉良等極少數的三至四位。相比起文學界中對社會有影響力的冰心、陳衡哲、凌叔華、盧隱、林徽音、石評梅等知識女性來說，無論從數量和影響上來講，都顯得不成氣候。這也許是因為文學的社會針對性在二〇年代的中國，在很大程度上勝過人們對視覺審美的精神需求，所以當冰心女士的問題小說和愛的心靈吹拂社會的時候，方君璧和關紫蘭等從事造型藝術事業的新女性還游離在社會問題之外的象牙塔裡，輕輕地搖弄著純藝術的安樂椅，享受藝術和人生呢。她們在畫布上撫花賞景、對鏡自憐；即便像潘玉良這樣出身青樓的貧寒女子，也在歐洲洋人的文化圈子裡虔誠地學習著油畫，迷戀於色彩、筆法所觀照著的人體、靜物和風景的美感之中，這種美感又大多是形而上的。出身於福建名門望族之家的方君璧，則更是與生俱來的閨閣性情了，沉湎於甜甜的溫情之中。

　　方君璧一八九八年出生，一九一二年隨姐姐去法國。在法國她先後讀過三所美術學校，它們分別是巴黎朱里安美術學院、波爾多城省立美術專門學校和巴黎國立高等美術學校，一九三〇年回國，在國外斷斷續續遊歷了近十八年。回國後的方君璧一直疏離於當時的以學校為中心的主流美術圈子之外，而且逐漸放棄油畫，專事於中西結合手法的水墨畫，直到晚年，此志不改。一九三八年她將這些在國內、國外畫過的作品結集，由商務印書館出版了一本八開的《方君璧畫集》，目前我們了解到的方君璧的作品，大抵都從這本畫冊裡獲得。

　　方君璧的丈夫曾仲鳴也是一位出色的油畫家，畫風自由奔放，與方君璧有相同的唯美情調，可惜抗日戰爭勝利前夕就去世了。抗戰前，他們倆樂於旅遊行腳的繪事之旅，一路來悠游自得，賞風弄月，沉迷於對大自然和藝術的愛戀之中，沒有像當時留學歸國回來的大多數畫家那樣，熱情地或無奈地服務於教育事業。

　　方君璧的油畫相對恬美，畫風柔情婉約，頗有新女性式的閨閣畫家的情調，而且還著意揉入中國文人畫的一些表現手法，力圖將畫面弄得清雅一些和中國化一些，譬如這幅〈浴後〉，就是在西方體積造型的基礎上揉入了中國的寫意筆法和傳統的居室裝飾，筆法很輕盈，色調雅緻溫和，不突出光感所造成的立體程度，將畫面做了近乎平光似的處理。

　　這是方君璧留給二〇年代中國最有人情詩意的一張圖畫，她學會了用洋人的審美題材譜唱著中國人的曲調，彷彿覺醒了的新女性夢入了一個新時代的純藝術王國，悄悄地睡去一樣……

　　畢竟是出於二〇年代初期的中國女畫家之手，聯想起當時美術界對人體藝術尚未開禁的窘況，方君璧置身國外，其自然、從容的心態，使她未受任何的干擾就畫成了這幅抒情之作。

■ 浴後
方君璧　油畫　尺寸不詳　1923 年

13 — 1924〈撫貓的人〉 徐悲鴻（Xu Bei-Hong 1895-1953）

　　徐悲鴻的高足、並對他的藝術研究有素的艾中信，在其著作《徐悲鴻研究》裡，對徐師的大幅主題油畫的評論是有保留意見的。認為在社會、生活均不穩定的三〇年代，徐悲鴻一直未能把自己全部的藝術功力用在大畫上，相反，在肖像、人體乃至風景上，卻達到了極高的藝術水準。這個評價，是一針見血的。

　　徐悲鴻留歐八年（1919-1927），專攻西方油畫的寫實方向，師從學院派畫家達仰、高爾蒙，從素描到油畫都達到了很深的程度，尤其是畫於二、三〇年代的一些小畫，至今仍是流光溢彩，令人讚嘆。他選擇主攻的這種寫實技藝，當然主要是歐洲近代的寫實傳統，即庫爾貝以來的寫實傳統。如他師從的達仰和心儀、追慕的高爾蒙，都是這個傳統的遺韻。這幅〈撫貓的人〉，就表現了徐悲鴻油畫肖像中所追求到的最美的情調和最好的技藝，放寬視野來看，這幅畫不僅在徐悲鴻，放在中國早期油畫史上，也是最優秀的油畫肖像之一。

　　作這幅畫的一九二四年，恰是徐悲鴻在留學時代經濟最困難的時候，由國內匯至巴黎的官費，因時局變化已全部中斷，常靠朋友接濟方能為繼生活。甚至在一九二五年夏天，還靠朋友推薦遠涉新加坡為一些僑領畫像，才獲取一筆可觀的報酬。盡管如此捉襟見肘的拮据生活，他還是與夫人蔣碧微相濡以沫地度過了這段艱辛的日子，最終完成了學業和在歐洲的藝術遊歷。

　　這幅畫中撫貓的女人，就是那個衝破家庭阻撓，跟徐悲鴻私奔到巴黎過窮日子的蔣碧微，後面處於暗影裡的男子，即是此時自負深情的徐悲鴻。可以說，這是我見過的最美、最迷人的一幅表現愛侶生活的肖像油畫，此情此景總是讓我想起徐志摩那個「濃得化不開」的優美詩句，著實令人心儀、羨慕。當然，徐悲鴻在巴黎的九年時間裡，很多精彩的油畫肖像均是以蔣碧微為原型或模特兒的。這樣作，一是為了省下請模特兒的錢，二是對蔣碧微的愛戀。光是畫〈撫貓的人〉這一年，就先後畫有〈碧微夫人鏡中吹簫〉、〈遠聞〉、〈琴課〉等幾幅把蔣碧微罩籠在詩情畫意的作品，其情調堪比林布蘭特畫薩士基亞時還要溫馨。可見，徐悲鴻與蔣悲微在巴黎還是度過了一段幸福時光，不論後來二人的婚姻如何破裂，但人們在徐悲鴻留下的大批作品裡，對這段「濃得化不開」的巴黎時光，仍是心馳神往，感懷不已的。

▋撫貓的人

徐悲鴻　油畫　65×53.5cm　1924年　徐悲鴻紀念館藏

14－1925〈小孩的夢〉陳抱一（Chen Bao-Yi 1893-1945）

　　陳抱一，中國畫壇上的又一位少爺，父親是上海招商局的買辦，但他並不熱衷經商，自幼習畫，父親也隨他發展。早年他便隨著性子在周湘的「佈景畫傳習班」接受繪畫的開蒙，與劉海粟共一個師傅。一九一三年去了日本，做了科班的學子，師從日本的近代大師藤島武二學習，後畢業於東京美術學校，一九二一年回國，時年二十八歲。

　　陳抱一出身富商家庭，自小在租界文化中薰陶長大，然而卻沒有半點張狂驕傲的個性，處處為人謙遜、低調、儒雅，在象牙塔中和安樂窩裡享受安逸的生活。回國後他先是在新華藝大教書，後來在江灣蓋了闊氣的陳家花園豪宅後，便自辦晞陽美術院，從事著述和教育工作，處處與世無爭，表現出一付長者的風範，因而在上海藝術界中他人緣很好，在蓬勃興起的西畫運動中，成了一位很好的領導人物。依據自己的見聞和經歷，一九四二年留守「孤島」的陳抱一寫了一篇〈洋畫運動過程略記〉，發表於《上海藝術月刊》上，如數家珍般地為我們說出了很多中國早期油畫運動中的故事，清晰地勾劃了中國早期油畫運動的發展軌跡。其中大部分是他的悉心判斷，是一個冷靜的人所具有的細心思考。但也是在這段時期，陳抱一漂亮的洋房花園被日軍炮火炸毀，自己也因此成了流民，生活一落千丈，在貧病交加中苦撐度日，最後於一九四五年病逝於上海。

　　陳抱一的油畫總體來說，屬學院派的路子，畫風老實規矩，不顯山露水，更不情緒化，這一點與同是公子哥的劉海粟迥然不同。特別是四○年代，陳抱一的畫風似乎變成了另一種模樣，越來越朝著拘謹的方向移動，二、三○年代的那種悠閒自得、講究筆趣快意的作畫心態蕩然無存，也許是性格使然，也許也是抗戰時期蟄居孤島的鬱悶心情所致。這幅〈小孩的夢〉的作畫時期是陳抱一最春風得意時候的作品，大概是陳抱一畫自己酣睡中的女兒陳綠妮，時值中國社會民生苦難的歲月，但在富有的陳抱一生活裡，他卻是生活與藝術的享受者，他眼中的兒童世界，被和諧溫馨的色調所包圍，畫中施與靈巧的筆法，好似速寫，草草揮就，大處放縱，小心收拾，極有法度，透出嫻熟的造型能力。這種輕鬆自如的油畫風格，陳抱一在二、三○年還有不少，尤其是肖像和靜物，傾注著陳抱一的全部用心和感情，讓人一看便知是富家子弟的藝術心態。

▊小孩的夢

陳抱一　油畫　15×22cm　1925年　家屬自藏

15 — 1926〈閨中〉 衛天霖（Wei Tian-Lin 1898-1977）

　　衛天霖，山西汾陽人，一九二〇年留學日本，先後就讀於東京川端畫學校和東京美術學校西洋畫科，畢業後又在該校研究部深造兩年。這幅〈閨中〉即是他本科畢業的創作作品，這種畢業作品，多是幾年學習下來畫技的檢閱，至於構思並不複雜，與他們回國後需要的創作要求有一定的距離。

　　畫中的女子是衛天霖在日本讀書時的女友美代子，但整個著裝和情調卻是十足的中國氣，這當然是衛天霖的有意打扮，或是中國情結的作祟。據說，他的導師藤島武二看了十分興奮，認為東西方油畫技法的交融在此畫中已有完美的表現。事實上，〈閨中〉尚屬衛天霖的早期作品，還不是他後來所形成的那種斑剝厚重、重在色彩表現的風格；畫中仍帶有一定的學生腔，即把在學院中學到的基本技法綜合的運用於畫面上。這樣的畢業創作，對每個學生來說，其過程都是心平氣和的，也都有充分的時間去經營，但也不可避免地受到規範與束縛。因而，畢業創作在每一個畫家的創作生涯來說，都是一個不容忽視的分水嶺。往後可能是風光不再，或另尋其它風格路徑，也可能是逐漸成熟，走向輝煌。對衛天霖而言也是如此。

　　衛天霖回國後的發展，曾短暫時間沿襲畫人物，但從四〇年代以後，便明確地不再以人物為重，轉向為靜物、花卉或風景。普羅美術始終沒有成為他的藝術理想，他視野中情繫著的對象，基本是他的孩子和那些樸素的果什花卉，他的才情、理想均寄托在這種非常人文化，卻很普遍的靜物之上，像〈閨中〉這種兒女情長、傳統情調的作品，永遠只留在他求學日本的時期，回國後即完全改了模樣。

　　從〈閨中〉可看出衛天霖擅畫人物，而且有很好的表現功力，三〇年代仍畫過一些很好的人物肖像的作品，後來就越來越明確地轉向花卉果什的題材上了。但這時候的人物作品畫風奔放了許多，似乎已暗接出後來的靜物畫風。在現在人們的印象中，衛天霖是畫靜物的專家，隨著年代的增加，其畫風愈加老辣、燦爛，不像〈閨中〉這樣溫和、深沉。然而，不管是早期，還是晚期作品，衛天霖均深受著日本洋畫的影響，在此基礎上又逐漸發展出自己的東西，在很有侷限性的靜物題材範圍裡，他最終經營出了自己的一片大天地。儘管如此，我們回眸到二〇年代，還是驚訝地發現，在那樣一個人物畫普遍水準不高的年代裡，還是可以重新在〈閨中〉的面前駐足長看，而沒有產生過時、欠佳的感覺。

▎閨中

衛天霖　130×69.5cm　1926年　首都師範大學藏

16 — 1927〈殘城赤土〉王濟遠（Wang Ji-Yuan 1893-1975）

　　二、三○年代中國的西畫界，王濟遠是個重要人物，這位在公眾場合中總是梳著大分頭，打著大領結，穿著一身筆挺西裝，身材略顯敦胖的洋派畫家，在上海美術界有很高的聲望。在藝術實踐上，油畫、水彩他都極有造詣，而且畫風新穎、現代，能寫能工，視域開闊，手法多樣。劉海粟一九三一年遊歷歐洲時，他曾一度代理上海美專的校長職務，一九二九年上海大東書局為他出版過一本八開的《王濟遠畫集》，他的很多重要作品都收在了這本畫冊裡。由於王濟遠一九四一年去了美國，從此放洋海外，一去不返，因而這本七○年前出版的畫冊便成了中國大陸美術史界考量王濟遠油畫藝術的一個重要文本。至於他的經歷，迄今一直不詳，只是略知他原籍安徽，生於江蘇武進，一九一二年畢業於江蘇第二師範學校，一九一九年參加上海著名的西畫社團「天馬會」，後來進上海美專任教授，還做了十二年的教務長，一度代理校長。在任教上海美專期間，創辦過「繪畫藝苑研究所」和赴日本、法國做過藝術考察。

　　不論是在國內，還是在國外，王濟遠都沒有正式地就讀過專業的美術學院，他的油畫才能完全是在廣泛的遊歷中得來的。顯然他是才氣過人的藝術家，勤奮、悟性高，這點，與劉海粟校長有相通的地方。他接受的油畫體系大抵是二十世紀初剛萌芽於西方的現代油畫，筆觸以寫實見長，注重整體的平面性色塊，下筆粗闊有力，有單純強烈的色彩效果，畫面情調洋氣十足。在那個時代即是典型的海派作風。由於王濟遠沒有受過嚴格的素描訓練，故爾他不可能在描繪對象時作深入的寫實刻劃，只能取其大意，重視主觀的、形式的造型意味，很自由地畫出自己心目中的現代風尚。

　　一九四一年王濟遠去了美國，其畫名從此與大陸斷絕。一九七三年曾一度返回台灣，算是歸根了中國，但這個時間很短暫，一九七五年再去美國治病，不愈，同年逝於紐約。

殘城赤土

王濟遠　油畫　尺寸不詳　1927 年　（已佚）

17－1928〈死〉林風眠（Lin Feng-Mian 1900-1991）

一九二五年底，從巴黎高等美術學校畢業的廣東青年林風眠回國，受教育部委任，出任北京國立藝術專科學校的校長，這無疑是中國藝術運動剛開始時一個領袖般的位子，也當然是得到蔡元培先生推薦的結果，他們在巴黎時就已是理想相投的忘年交。這時的林風眠血氣方剛，熱情澎湃，在北京展出了他畫自國外的近百件西畫作品，接著便接過蔡元培揮舞過的美育大旗，在北京大搞頗有聲勢的藝術運動，在一九二六年和次年接連發表了著名的「東西藝術之前途」、「致全國藝術界書」兩篇論文，高調地喊出了他欲用藝術喚醒大眾和在中國迅速推行藝術的聲音。

然而，這位過於純粹的藝術家，在二〇年代的中國顯然與社會的實情格格不入，他的超前性和藝術性格很快在愚昧的社會中踫了壁，在舊京城的保守勢力中處境不妙，在複雜的人際關係中也陷入重圍。於是，深懂策略的蔡元培便將他調離北京，委其重任到杭州創辦了國立杭州藝術院，這樣蔡元培和林風眠的藝術運動理想很快轉到杭州，與上海、南京構成了以西畫為中軸的現代藝術運動的集中地帶。

林風眠的藝術濟世思想和人道主義精神最集中地體現在這段時期，他的油畫生涯也最集中地活躍在這個時期。抗戰以後，林風眠的油畫大多留在了淪陷的杭州，很快毀於日軍之手，由此，他也轉道了水墨，這一轉，就是終身許願嫁水墨，沒有再回到油畫中來。

從一九二六年至一九三八年，林風眠相繼在北京畫過〈民間〉、〈人道〉，在杭州畫過〈痛苦〉、〈貢獻〉、〈悲哀〉和這幅〈死〉，以及一些人體、靜物。這些作品大多是巨構，具有強烈視覺衝擊力的悲憫的人道力量。正因為是巨構，在逃離杭州時才無法帶走，致使不論是林風眠本人，還是中國油畫，都遭到了無法估量的損失。現在我們能看到的林風眠油畫的原作，全部是一九五〇年以後的作品，一九四九年以前的油畫已全部佚失了，只存有少數印刷品讓人們漫漫地去遙想林風眠曾經有過的輝煌的油畫風采。如此說是因為至少迄今為止，沒有發現過一幅林先生早期的油畫原作。

總體上看，林風眠的藝術理念是「為人生而藝術」，盡管他有很多野獸派、立體派的表現手法。但是這種反映現實苦難、抗爭的批判性作品幾乎都遭到過政府委員的批評，加之三〇年代開始，左翼文化遭打壓，整個中國的政治環境逾來逾惡化，林風眠為保全學校和自己，便將精力轉向辦學和人體、靜物題材的繪畫上去了。

誠然，這幅〈死〉，在他的所有反映現實人生的巨構裡，算不上是震撼人心之作，但卻是唯一一張林風眠借用西方宗教題材來表達他的悲憫思想的人道作品。林風眠早期的鬥士性格和後來歸隱恬淡的藝術方式，都深深地滲透著這種悲天憫人的思想和濟世、執著、善良的人生態度。林風眠為之心儀過的野獸派畫家魯奧喜畫基督，林風眠也相隨相同，在他帶著苦悶心情南下杭州不久，便畫了這幅有心理象徵性的耶穌下架的〈死〉。

▌死
林風眠　尺寸不詳　1928 年　（已佚）

18 — 1929〈燕子雙飛圖〉

王悅之（Wang Yue-Zhi 1894-1937，一名劉錦堂）

　　五四以來，中西之爭就一直是中國文化人注重考量的一個問題，如文化思考中的中學為體、西學為用和藝術問題的西化與民族化的矛盾，即是其中較有代表性的命題。許多國外回來的人，不論原先是多麼的西化或激進，沒過多久都殊途同歸地靠向了傳統。這種對傳統文化的眷戀之情，和附根情結在二、三〇年代的文人、畫家身上表現得特別突出。也唯其有這種揮之不去的傳統情結和在這一代人身上作祟，中西融合之路才漸成大道，西學西法也才在中土上有所發展。

　　二〇年代王悅之的藝術實踐和作品，即是油畫中國化的一個典型甚至極端的特例，他作品風格的鮮明和對形式手法改良的大膽，在今天毫無疑問仍屬另類。〈燕子雙飛圖〉是王悅之一九二九年入選上海第一屆全國美展的作品，這一屆畫展上開始出現不少模仿馬諦斯、塞尚、畢卡索風格的作品，惹得正統的徐悲鴻忿忿然著文抨擊，同時也引來浪漫開放的徐志摩的一番回敬。爭論的焦點即是現代派美術可否存在於中國的問題，而對王悅之這種僅僅將油畫當作媒材運用，而不顧及西方的文化形態的實驗，藝術界倒顯得寬容，以致沒有引起多大的注意。按理說，像徐悲鴻這些服膺於西方油畫之寫實，視油畫為文藝復興傳統的人，是不會認可王悅之這種過於中國化的實驗的，更何況王悅之的這種勾線平塗、略施明暗的改良油畫是從日本膠彩畫裡來的。對此，徐悲鴻等輩視而不見，卻是抓住在當時剛剛冒出頭的現代派用寫實的標尺痛打不已。可見，在挑戰西畫傳統的選項中，大眾的民族風格或手法往往比菁英的形而上的實驗容易取得認同，本土的、通俗的風格，永遠都會得到尊重。

　　王悅之一八九四年生於台灣台中的一個米商家庭，一九一五年赴日本留學，最初在川端畫學校學習，後入東京美術學校，導師為藤島武二，與一九二〇年由大陸赴日的衛天霖同校同導師，但兩人的風格往後卻有天壤之別，而且王悅之離導師更遠。衛天霖進校才一年，王悅之就畢業回國了。他沒有回到日據時期的台灣，而是先到上海，再到北京，一路可謂順順當當，事業有成。先是與當時新文化運動的一些主將如李大釗、劉半農和學界名流如章士釗交往；後與剛從歐洲留學回來的李毅士、吳法鼎組織「阿博羅學會」，李、吳二位南下上海後，王悅之便自己創辦了私立北京藝術學院（1924），同時還在國立北京藝專、北大畫法研究會和北洋政府教育部任職。一九二六年國民革命軍北伐成功，推翻北洋政府後，他又南下杭州受聘為國立西湖藝術院西畫系主任；一九二九年在上海舉辦的全國第一屆美展和大型熱鬧的西湖博覽會，他均為審查委員，可見，他在南方的威望也不亞於林風眠。

　　他的許多勾線平塗，風格手法很中國化的作品（油畫、水彩）都畫於杭州時期，與他在北京時期的學院派風格判若兩人。他這種很中國化的風格實驗，與幾十年後出現的中國油畫民族化的理念恰好不謀而合，這使得他成了中國油畫民族運動的先驅；他在杭州的這一批勾線平塗的油畫自然被中國油畫界認為是其一生中最有價值的作品，事實上，二〇年代末王悅之又回北京後，這種王悅之式的中國化作品才是成熟的時期。

　　一九二九年初王悅之回北京，再去經營他的私立北京藝術學院，其過程可謂慘澹，熬到一九三七年三月病逝，算是逃過了北京淪陷後的苦難。

燕子雙飛圖

王悅之　油畫　180×69cm　1929年　中國美術館藏

19—1930〈巴黎郊外的風景〉

汪亞塵（Wang Ya-Chen 1894-1983）

　　汪亞塵一九一五年留學日本，在日八年；之後任教上海美專，一九二六年與夫人榮君立遊歷歐洲五年，這期間，寫生和臨摹了大量的西方油畫。如果說，顏文樑購置了大量石膏像回國，算是為中國西畫教育做了實質性的貢獻的話，汪亞塵為中國西畫運動的貢獻就是身體力行，臨摹並帶回了大量的經典名畫的複製品。四○年代汪亞塵主攻水墨，逐漸中斷油畫，所以對汪亞塵的油畫「當年勇」有必要做一個簡要的交待。

　　汪亞塵一八九四年生於杭州，十七歲那年到上海，進入上海美術圖畫院任職，一九一六年東渡日本深造，考入東京美術學校，學成歸來後出任上海美專教授。一九二八年便攜妻赴歐考察了。一九三一年回來後脫離上海美專，出任上海新華藝專校長、教務長和教授。一九四四年為拒日偽政府要求對學校重新登記的管轄規定而停辦學校，在家閉戶塗寫丹青數年，一九四八年在復校無望的情況下，離國赴美。

　　像大多數留學歸來的油畫家一樣，汪亞塵學成油畫後的主要想法和注意力大抵放在了學校的美術教育上。他由日本回來後即擔任過上海《時事新報‧藝術周刊》主筆，然後進上海美專當教授，以及在歐洲時泡博物館，三年五載地下來臨摹了三十二幅油畫原作和主持新華藝專等等，不外乎就是想多寫文章，全力地向社會鼓吹西洋畫藝術；為他執教的學校提供接近外國名畫原作面貌的臨摹品，從而解決中國人看歐洲名畫原作難的問題，充實學校中油畫的教學內容，提高油畫技巧。也正因是專致於教務，才沒有了更專門的時間畫油畫，因而才取其之便畫起了水墨，尤擅畫金魚，不料歪打正著，他的後半輩子竟與水墨廝守了五十餘年。

　　一九三二年上海大東書局出版過《汪亞塵油畫集》，基本收錄了他二○年代畫於國內的油畫寫生精品。他在國外遊歷時畫的六十餘幅寫生多沒收入。這幅〈巴黎郊外的風景〉就是他在巴黎勤奮臨摹名畫期間，偷閑到郊外寫生的一幅佳作。他在臨摹過程中領悟到的油畫技法，在這種活學活用的實踐中得到了立竿見影的運用，比起他剛從日本回來時畫的油畫顯得有了更多的膽識和才氣。

　　遊歐之前的汪亞塵，所畫油畫是輕快明亮的，而且頗有日本洋畫的味兒，在歐洲及回來後所畫的油畫，驟然厚重沉著起來，很快轉入了歐洲油畫的現代系統，講究起油畫的味道來。可惜，在戰亂的中國社會裡，汪亞塵的油畫曇花一現，沒有得到更好的、持續的發揮。

■ 巴黎郊外的風景

汪亞塵　油畫　1930 年　尺寸不詳　上海美術館藏

20－**1931**〈人生之啞謎〉龐薰琹（Pang Xun-Qin 1906-1985）

　　中國第一個公開鼓吹西方現代美術的社團是「決瀾社」，一九三一年成立於上海，一九三六年結束，前後共辦了四次畫展，展出作品均為一九四九年以前代表著中國前衛的探索性油畫，掀起了中國第一個明確的有聲勢的現代主義美術的高潮。它的核心人物就是龐薰琹。〈人生之啞謎〉即是一九三二年第一屆「決瀾社」畫展上的作品。

　　畫〈人生之啞謎〉的一九三一年，正是龐薰琹從巴黎留學回來不久，在上海辦「苔蒙畫會」遭查封的時候，心情比較灰暗，對周圍的藝術環境感到窒息，雖然，當時普羅美術已走出象牙塔，貼近了社會脈動，但與藝術的要求還是相去甚遠的。因而，他那顆敏感、詩化的心靈沉入夢中，開始了對形而上的追問：人生、社會好似生旦淨丑或撲克牌上的符號，各有面具，讓人捉摸不了。他將大都市中最流行的紅唇鳳眼、紙牌艷女，用夢境支配在一個擁擠噪鬧的畫面裡，讓人一看便知是一個充滿誘惑又謎一般的都市世界。傅雷在一九三二年寫的「薰琹的夢」一文中，說他這種表現方式是「以純物質的形和色，表現純幻想的精神境界；這是無聲的韻。形和色的和諧、章法的構成，它們本身是一種裝飾趣味，是純靜的畫。」「薰琹的夢既然離現實很遠，當然更談不到時代。然而在超現實的夢中，就有現實的憧憬，就有時代的反映。」然而，龐薰琹對外人說他對純粹性不以為然，認為自己的作品應是「文學的繪畫」更合適。但不管如何解讀龐薰琹，有一點是明顯和公認的，那就是他將「整個人生作材料，織成他花色繁多的夢。他觀察、體驗、分析如數學家，他又組織、歸納、綜合如哲學家」（傅雷語）如此演進不已。這種特點不僅能在〈人生之啞謎〉裡有所體現，在他四〇年代那些精細的作品裡更是驗證了傅雷的這個評語。

　　由法國初回上海的龐薰琹，似乎頃刻間成為現代主義美術的一桿大旗，他的老成持重，他的主張和作品，一時間在現代主義青年中形成一種向心力。一九三二年九月十五日他將七十餘件作品（油畫、水彩、素描）展出於上海中華藝社時，即被《申報》稱為「中國現代繪畫之新傾向代表者」了。各界來賓五百多人出席畫展，當然以上海美專的師生為多，還包括音樂界和文學界的名流。作品紛紛被訂購，其盛況比他創辦的「決瀾社」畫展還要大。現代性的作品有如此影響，足見龐氏在上海的人望。

　　四〇年代後期，在意識形態上，龐薰琹逐漸左傾，在一九五〇年國立杭州藝專的教務會上，承認自己搞新派的錯誤，並起而批判學院裡的現代藝術傾向。後調至北京主持創辦中央工藝美術學院，如此進步的姿態，也沒有在一九五七年反右運動中安然無事，最終還是被打成了反黨、反社會主義的右派。從此他離群索居，離開畫筆二十年。等到一九七九年復出的時候，已是滿頭白髮的耆耄老人，昔日那種衝勁早已找不到原樣。實際上，他這一生坎坷的故事不就是自己昔日追問過，卻又說不清、道不明的人生啞謎嗎？

■人生之啞謎
龐薰琹　油畫　1931 年　（已佚）

21 — 1932〈G 夫人像〉 常書鴻（Chang Shu-Hong 1904-1994）

　　這是一張榮獲一九三二年法國國立里昂美術專科學校畢業展覽一等獎的作品，這也是一張在中國油畫史上擲地有聲的重量級的油畫肖像作品。它紮實的寫實功夫和完美的古典技巧，使中國早期油畫更多了一分雄視當今畫壇的本錢。可以說，僅就這一張畫，常書鴻的名字就可以不朽，更何況他還有守護、研究敦煌大半個世紀的傳奇經歷。因而，不論怎麼說，常書鴻在中國現代美術史上是一位非常了不起的人物。

　　他考入巴黎高等美術學院時，選擇的是新古典主義大師、法蘭西學院院士勞朗斯的畫室，所以，他在法國巴黎期間，走的基本是新古典的路子。回國後，這種路子還持續了一段時間，四○年代初到敦煌以後開始改變，因為朝夕與敦煌壁畫相處，耳濡目染，逐漸將巴黎學來的那一套油畫技法與壁畫的手法銜接連貫。

　　在法國期間，常書鴻循規蹈矩，始終恪守嚴謹的造型傳統，不像他的同學呂斯百那樣，初到巴黎時還追慕時尚，嘗試過塞尚等結構形式的新派手法，後遭恩師徐悲鴻路經巴黎見狀批評後才棄之歸就。

　　常書鴻在里昂美術專科學校時期，就將寫實技法掌握得很好了。〈G 夫人像〉就是他在里昂時期的畢業作品，而且還獲得畢業展覽的一等獎。到巴黎深造後，投在勞朗斯門下，更是如魚得水，技藝倍增。從一九三二年入學到一九三六年回國，其作品相繼獲得過里昂春季沙龍銀質獎與金質獎、巴黎春季沙龍銀質獎與金質獎和勞朗斯畫室第一名等多項榮譽，獲獎的一些作品，至今仍收藏在法國龐畢度藝術中心和里昂美術學院。九○年代，其女兒常沙娜去歐洲訪問時，還到里昂美術學院美術館的庫房裡拜謁過父親的作品，如〈沙娜像〉和〈病婦〉。這些作品至今仍被校方完好地保存著，受到上佳的禮遇。

　　這幅〈G 夫人像〉畫的是他的夫人陳秀芝，「陳」和「常」的英文拼音，頭一個字母皆為 C，故依此演化為「G」，作為人物代號。陳秀芝與常書鴻同是浙江人，一九二五年結婚，一九二八年晚丈夫一年去法國，學的是雕塑。常書鴻在法國時用寫實手法為她畫過幾幅高貴時尚的肖像畫，從這些畫和照片上看，這位留洋的大家閨秀和生活在優渥環境裡的女性，後來與常書鴻在大漠荒野、冰天雪地的敦煌莫高窟待了兩年，還生兒育女，保護石窟，真是不容易。她離開常書鴻回到杭州後得到老同學劉開渠推薦，在杭州一所中學教書，五○年代初肅反審幹時，被貫以莫須有的理由清除教籍，無奈之下，隻身到上海為人做幫傭直至終老病逝。睹畫思人，不盡唏噓，權當前輩藝術家在他們青春時代留給後人的一點故事。

G夫人像

常書鴻　油畫　100×81cm　1932年　浙江省博物館藏

22 — 1933〈山居雪霽〉 許敦谷（Xu Dun-Gu 1892-1983）

　　許敦谷在中國油畫史上完全是個被遺忘的人物，然而他在早年卻是很風光的。但直到一九八六年在中國油畫研討會上，人們才從幻燈上看到〈山居雪霽〉這幅陌生的油畫，也就此才知道許敦谷這個名字。後來陶詠白先生編著《中國油畫1700-1985》時，選入了這幅作品，使許敦谷的名字得到了進一步的傳播。

　　盡管這樣，許敦谷畢竟經歷了半個世紀的沉默，藝事藝途早已成為歷史。一九四九年新中國成立後，他就一直留在了雲南，任教於雲南師範學院藝術系，作為一介老夫，就此離開了美術界，繪畫活動幾乎停止。他生於一八九二年，逝於一九八三年，活了九十一歲。但他高壽的一生中，竟沒能留下幾張作品，〈山居雪霽〉恐怕是目前能看到的唯一一張許敦谷的油畫。

　　許敦谷是台南人，曾用名許太谷。一九一三年留學日本，在國立東京美術專科學校學習，師從藤島武二、長厚考太郎等名師。一九二〇年畢業，回國後分別任教於南京藝專和武昌藝專，後去廣東，還與胡根天等人組織過「赤社」，國民革命軍從廣東誓師北伐時，他便投筆從戎，在郭沫若主持的政治部任藝術股股長，與同在日本留學的關良一同做軍旅中的宣傳工作，後來一直留在上海。抗日戰爭開始後，他隨著大批文化機關西遷重慶、雲南，這一去，就再也沒有出山。

　　許敦谷的油畫明顯受日本洋畫的影響，走單純省淨的油畫之路，用線勾塗色塊，畫面始終有生動的整體感。二、三〇年代由台灣留日的畫家中，有幾位都短暫地駐留過中國大陸從事藝術活動，如陳澄波、郭柏川、王悅之、張秋海和許敦谷，後來僅有許敦谷沒有回台灣（張秋海是後來到北京的）。但是相比之下，許敦谷被遮弊和遺忘的程度，遠遠大於其他的幾位，直到現在，仍是這樣。其實，從這幅早期的作品看許先生的畫藝，還是相當有藝術格調的，值得人們認真地去尋找。

■ 山居雪霽

許敦谷　油畫　1933 年　尺寸不詳　藏地不詳

23 — 1934〈薰魚〉吳作人（Wu Zuo-Ren 1908-1989）

　　從油畫技術的層面來看待吳作人是不同尋常的，這不僅是說吳作人是徐悲鴻推進寫實藝術運動的得力助手，在教育與藝術實踐上使徐悲鴻力倡的寫實主義得以一天天壯大。而且也是說吳作人以其精湛純正的油畫技藝表明了中國人學自西方的油畫，從此有了一個更高的藝術境界。中國油畫在三〇年代能有一個質的飛躍，其指標除了總體局面上精彩紛呈的多元發展外，吳作人、常書鴻、呂斯百等寫實新銳的學成歸來，使中國油畫進入了一個純熟時期，應該說是一個重要的因素，因為自此以後，中國油畫的藝術性比過去很多留學前輩是大大地講究了。

　　吳作人是蘇州人，一九三〇年還在中央大學藝術系做旁聽生的時候，就得到了徐悲鴻的支持，去法國留學。但因為不是領公費，經濟上難以為繼，於是在中國駐比利時公使謝壽康（徐師的好朋友）的幫助下，弄到了一個庚款助學金的名額，使吳作人有機會轉赴比利時，考入布魯塞爾皇家美術學院，隨巴思天院長學習。僅第一年就在全院的暑期會考中，以〈男人體〉習作奪得第一名的金質獎章和桂冠生的榮譽，一九三三年又以雕塑奪得此獎的第一名。這種雙料頭獎的奇蹟，除早年李鐵夫在美國有過之後，能繼續這個榮譽的只有吳作人。

　　這幅〈薰魚〉是吳作人回國前一年畫於比利時的靜物寫生，完全可以看出他掌握得很到家的北歐費拉芒畫派的技術和深刻的油畫表現力，已超過他前面的幾位前輩。在完美的空間與形色結合的技巧裡，透著一種從容的藝術態度，閃爍著過人的藝術才氣，輕鬆的寥寥數筆和很講究的色彩，將薰魚的質感、氣息表現得依稀可聞、觸手可感。可以不誇張地說，二、三〇年代的中國油畫中，能見到像〈薰魚〉如此有油畫味的寫生實在不多，往後也不多見。倘若要說中國學自西方油畫的過程和真諦如何，吳作人的這幅〈薰魚〉無疑是一個可考量的指標。

　　一九三五，年吳作人在恩師徐悲鴻的函約下，由比利時回到南京中大藝術系執教，同時還娶回一位洋太太李娜。二、三〇年代在國外與洋女子戀愛、婚娶的中國留學生相當普遍，如陳抱一、王道源、王臨乙、呂霞光、林風眠、張道藩、吳作人、李金發等人都是如此。中國美術留學生在國外的羅曼蒂克由此可見一斑，中國知識階層在西潮年代也算是有了開風氣的精英。當然，這種羅曼蒂克並沒有維持多久，一九三七年抗日戰爭開始，前後持續了八年戰亂，給這批精英們帶來了太多的不便。一九三九年底，吳作人的新婚妻子李娜在避居重慶後死於難產，男嬰也隨之夭折。由於極度悲傷，吳作人左眼一度失明，經調養後才告恢復。一九四〇年重慶二度遭日軍大轟炸，他在中大藝術系的住處也被炸成了廢墟。於是，在以後獨處的日子裡，他畫出了〈空襲下的母親〉、〈重慶大轟炸〉、〈不可毀滅的城〉等幾件飽含悲憤的反戰作品。在重慶的戰爭空氣中，他不再有安穩的畫室和心態去畫〈薰魚〉或〈男人體〉之類的作品了。

▌薰魚
吳作人　油畫　45×38cm　1934年

24 — 1934 〈宮女〉 秦宣夫 (Qin Xuan-Fu 1906-1998)

　　秦宣夫一九二九年畢業於清華大學外文系，一九三〇年旋即去了法國，考入巴黎高等美術學院研習西畫。二、三〇年代留學國外的畫家中，人文素養高、外語能力又很好的實屬鳳毛麟角，故而很多人到國外純粹學畫，而且還要花一年半載的時間先學習語言。像秦宣夫卻是個例外。他在國內就已經解決了英語問題，故而到國外他馬上可以很從容的、一心一意的選擇專業學習。有了這個條件，在巴黎期間的秦宣夫，一面在呂西安·西蒙 (Lucien Simon) 教授的畫室裡習畫，一面又在羅浮爾美術史學校 (Ecole du Louvre) 和巴黎大學美術考古研究所學習外國美術史，一共學了兩年。並且在之後帶著這個理念遊歷了英國、西班牙、義大利和德國，沿途考察歐洲的歷史文化。

　　一九三四年九月歸國，先後在國立北平藝專、國立藝專和南京中大藝術系教過油畫和美術史，但終究因戰爭環境，他在美術史的教學、研究方面未能得到更多的施展，倒是先他兩年在法國羅浮爾美術史學校主修美術史的傅雷，回國後在上海美專開設了短暫的美術史課程，後來還翻譯了丹納的《藝術哲學》，撰述了《世界美術名作二十講》。正統美術史出身的秦宣夫，除了在當時的一些報刊發表文章，為討論西洋美術問題和普及西洋美術知識盡了些力氣之外，就幾乎是一個述而不作的人了。

　　中國在早期留學國外主修美術史的只有傅雷、秦宣夫、滕固等少數幾個人，其中傅雷回國後做了幾年外國美術史的教學工作，便專心致力於法國文學的翻譯；滕固出道晚，死得早，生前僅出版過一本專著《唐宋繪畫史》（也僅是一本小冊子）和一些文章；秦宣夫回國幾十年來，幾乎是述而不作，熱衷於畫畫，六、七〇年代他在南京師範大學任教時，又回到了美術史的講台，但終究沒有他的畫名大。美國美術史學者的名著《現代繪畫簡史》在中國出版時，他擔任了校譯，算是派上些用場。但是這種結果終究是遺憾。

　　雖然，秦宣夫沒有留下什麼重量級的專著、文章，確是留下了一些精彩的油畫。這些畫雖然不多，但在中國三〇年代的油畫記錄中還是光亮奪人的。這幅〈宮女〉就畫得溫情脈脈，抒情雅致。用灰黃顏色表現的女人體恰到含蓄的好處，造型手法也很簡潔素雅，整體感極好，一九三四年五月此畫還入選了法國獨立沙龍展，甚得好評。他另有一幅〈卡門的背〉卻斑剝厚塗，油畫味十足。一九四六年底，他將部分在國外和國內畫的油畫於重慶展出，徐悲鴻、呂斯百、林風眠、司徒喬和宗白華等人均撰文捧場，評價甚高。其中徐悲鴻將秦宣夫譽為學究型畫家，可謂是知人論畫，一語中的。

宮女
秦宣夫　油畫　100×65cm　1934年　自藏

25 — 1935〈英雄與美人〉 張弦（Zhang Xian 1901-1936）

「一切的紀念和揄揚對於死者都屬虛無飄渺，人們在享受那些遺惠的時候，才想到應當給與那些可憐的人一些酬報，可是已經太晚了。」這是傅雷一九三六年為亡友張弦寫的悼文中的一段話，半個多世紀後，這段話仍沒有消失它的意義，仍是那麼令人震撼。在張弦生活的那個時代，文人末路是一種較普遍的社會現象。只不過像畫家張弦、詩人朱湘這樣的結局，是末路上更極端的選擇或不幸罷了。

張弦是上海美專出身，是兩度留學法國的才子。回來後執教於母校，在上海美專威望一度很高，與倪貽德、邱代明分別主持三個素描工作室，極受學生的擁戴。可惜一直未能得到理想的待遇，在貧病潦倒的生活中苦度日子。以他剛烈、自負的性格來講，當然受不了這種缺乏尊嚴的對待，因而落落寡合，消沉抱怨。

他在巴黎時的好友龐薰琹欲拉朋友一把，為他求個環境的改變，請他北上，聘為北平藝專教授，不料，在聘書寄到的前兩天，張弦已病逝於家鄉浙江青田，時年三十六歲，後事還全靠朋友籌款料理。現在我們從遠在外地考察的傅雷，當時寫給上海美專劉抗的信中得知，傅雷在黃山聽到張弦病逝的噩耗，即信函劉抗：「臨書泣涕，不知所云，亦不能終篇。附上支票一紙（八元）」，請劉抗到銀行代為兌現，以作喪用。接著又寫一長信給仍在山東辦畫展和講學的劉海粟，向他提議張弦後事的具體事項，包括遺作展、遺孤的教育費和作品收藏等，然後趕回上海。從信中還得知，傅雷對張弦的才氣推崇備至，交誼深篤，並從愛護張弦的立場出發，對劉海粟未能給張弦提供較好的條件大為不滿。甚至在討論張弦遺作展的校務會議上，厲聲指責劉海粟的買辦作風對張弦的死應負有責任。大吵之後，離開美專，遂與劉海粟斷交二十年，到五〇年代才略有恢復。我們現在還可以從一九六一年傅雷寫給已遷居南洋的劉抗信中，看到他在談及當時國內畫壇現狀時，仍有「單從油畫講，要找一個像張弦去世前在青島畫的那種有個性有成熟面貌的人，簡直一個都沒有」的句子。可見，他對張弦才氣的服膺之情和懷舊感，貫穿一生。

張弦的畫輕描淡寫，韻味十足，表現手法十分出奇，這幅〈英雄與美人〉即是在一個很薄的背景的油色底上，用硬質筆線輕拙地勾出美人的輪廓，手法似拙，實則老道。一九三一年他就是「決瀾社」的主將了，他的油畫當然是形式意味的，雖然他有很紮實的寫實功夫，但他並沒有走寫實之路，而是選擇了自己與藝術最貼近的現代感受與表現力。傅雷說他：「能以簡單輕快的方法表現細膩深厚的情緒，超越的感受力與表現力使他的作品含有極強的永久性，在技術方面他已將東西方美學的特徵體味融合……有時又在明快的章法中暗示著無涯的淒涼（人體畫），像莫扎特把淡寞的哀感隱藏在暢朗的快適外形中一般。節制、精練的手腕使他從不肯有絲毫誇張的表現。」讀著這樣知人論畫的高調評語，後人還能說什麼呢？

英雄與美人
張弦 油畫 44×36.5cm 1935年 中國美術館藏

26—1936〈鋸木〉陳秋草（Chen Qiu-Cao 1906-1988）

　　不知怎麼的，中國早期西畫史上群星璀璨的夜空中，陳秋草毫無疑問是其中一顆閃亮的星星，但點起名來，人們似乎都有意無意地遺漏了他，以至今日，知道陳秋草油畫業績的人微乎其微。然而，對北京中國美術館藏品稍為留意的人，恐怕都會驚奇地關注著兩張陌生的油畫：〈壑上花〉和〈鋸木〉，作畫時間分別為三、四〇年代，畫的內容和風格均不老套，相反地，頗有些新穎的表現意味，這就引來人們對作畫人的關注：陳秋草，何許人？

　　陳秋草一九〇六年生於上海，一九二五年畢業於上海美專，之後分別在明星影片公司和大理石廠做過裝飾設計工作。一九二四年上海的洋畫運動方興未艾，他又與水彩畫家潘恩同、方雪鴣等組建「白鵝畫會」，一九二八年改為「白鵝研究所」，對外吸納了不少的從藝者，後來中國美術界的一些重量級人物，如江豐、劉汝醴就出自這個研究所，是當年研究所的學員。一九三四年，這個研究所又擴大成「白鵝繪畫補習學校」。「白鵝畫會」是一個研究西畫的團體，陳秋草在這期間，大多作油畫，間或作些水墨畫。

　　〈鋸木〉畫於一九三六年，〈壑上花〉作於一九四〇年，其餘的還有〈救亡線上〉、〈爆發之前夜〉等，但後面這幾幅恐怕已佚失了，要不是六〇年代江豐、米谷代表中國美術館去上海將〈壑上花〉和〈鋸木〉收為國有，這僅有的兩張早期油畫也逃不過在「文革」的厄運。陳秋草在三〇年代受普羅藝術思想影響很重，著意畫勞動者，造型寫實，但具體手法卻傾向於現代藝術的表現。他在這幅畫中，用細碎、跳動的筆觸，似拉鋸節奏的動態，可看出陳秋草不墨守成規的一面。

　　四〇年代後，陳秋草淡出油畫，轉道水墨，並參加了「上海美術作家協會」，成為「反壓迫、反內戰、反饑餓」革命運動中的一名民主戰士。一九四九年以後，擔任了首任上海美術館館長。從此一直畫水墨，而且是略有水彩格調的中西韻味的水墨畫，在中國水墨畫界算是長者，相對起來，很少有人知道他早年是以油畫起家的。

鋸木
陳秋草　油畫　67×67cm　1936年　中國美術館藏

27 — 1937〈灕江秋〉張安治（Chang An-Zhi 1911-1991）

　　從一九三五年到一九三七年，是徐悲鴻情緒最低落的時候，一是因為與孫多慈的師生戀正走向低谷，二是與夫人蔣碧微的矛盾加劇，三是因左翼文藝的關係（如與田漢及南國藝術學院的過從甚密），又拒絕為蔣介石畫像，故而在南京政界已得不到禮遇。於是，走「麥城」去了廣西，另開事業的天地。桂系李宗仁、白崇禧、黃旭初對他意欲收攬，故以成就他的教育事業（即辦桂林美術學院）為條件，邀他到廣西發展。徐悲鴻在廣西果然受到各界的歡迎和地方政府的禮遇，雖然，原先答應的桂林美術學院因故沒有辦成，但李宗仁還是將陽朔的一幢房子送給了他，還開辦了廣西藝術師資培訓班。因而，徐悲鴻在廣西的報紙上發表了抨擊蔣介石的文章，大投李、白、黃之所好。

　　然而，徐悲鴻是大忙人，在廣西的教育事業剛剛開頭，需要有一個他信得過的業務人員來桂林，替他事無巨細地進行管理，就像在南京和重慶的中大藝術系有呂斯百替他管理一樣。於是從南京將自己的學生張安治帶到了桂林。先後抵桂的徐悲鴻弟子中還有孫多慈。張安治在徐師的所有弟子中是理論修養最好的一個，又畫得一手好畫，西畫和水墨畫都精。在桂林辦學期間，張安治除了認真辦學之餘，也有雅興畫畫，尤其身處桂林這個山水甲天下的地方，靈感更是豐富。

　　這幅驕陽似火、秋高氣爽的〈灕江秋〉，就是他剛到桂林時的寫生之作。後來，廣西藝術師資培訓班開學，張安治的很大部分精力投入其中，畫畫的時間就很少了。由此往後，張安治在桂林從事藝術教育和藝術活動，一直堅持到一九四四年桂林大撤退去了重慶為止，回到重慶的張安治與徐悲鴻會合後，擔任了中國美術學院的秘書。一九四六年得徐師相助，與費成武、張倩英、陳曉南三位師兄師姐前往英國進修，其中除了張安治研習的專業為中國美術史外，其餘三位均選擇了繪畫。一九四九年之後，張安治與陳曉南回到中國，費成武與張倩英則留在了英國。

　　徐悲鴻的弟子群當中有兩位承襲徐師，腳踏中西兩條船進行藝術創作的畫家，一為張安治，另一位是吳作人。所謂腳踏中西兩條船，就是西畫（油畫、素描）及水墨畫（包括書法）同時並舉，張安治與吳作人稍為不同的是，在油畫，尤其是素描風格上更接近徐悲鴻。從英國進修回來後的張安治，主要的精力用在中國古代美術史和水墨畫上，油畫幾乎封筆了。

　　因而，三〇年代他跟隨徐悲鴻的那幾年，完全可看作是他一生中僅有的油畫時期。

■灕江秋
張安治　油畫　尺寸未祥　1937 年　自藏

28 — 1938〈自畫像〉艾中信（Ai Zhong-Xin 1915-）

　　艾中信在回憶錄《繪事散記》中對這幅畫有記敘：「『七七』事變後隨中央大學內遷重慶，……在那裡從二年級到畢業，上學三年，留校當助教又是兩年。接著在磐溪中國美術學院任副研究員直到日本投降，……前後八年中，我畫過不少此地的風景，可是自己留下的一張也沒有。除了同學和朋友要去的，其餘都被日本帝國主義的炸彈炸掉了。……現在手頭保存的在中大藝術系學習時期的最早的舊作，是一幅很小的自畫像，這幅畫在柏木上的油畫，因為它小（17×22cm），因為它硬，是在瓦礫堆裡揀起來的劫後餘物。這塊柏木又是從建造藝術系教室的場地上揀來的，因此我對它抱有特殊的感情。」

　　艾中信是一九三六年考入南京中央大學藝術系的，直接授課的老師是吳作人和呂斯百，其時，徐悲鴻大部分時間不在學校，而忙於在廣西、廣東、長沙等地的藝術活動和逃避家庭的煩惱，在重慶大抵也是這種情況。因而艾中信的油畫始終受吳作人和呂斯百的影響較多一些，然後依據自己的修養形成風格。

　　一九三八年春，中大藝術系遷到重慶後，艾中信第一次上油畫課，就畫了這幅自畫像。這時剛由桂林來到重慶的徐悲鴻，在教室見到這幅畫時，稱讚說：你懂得油畫用色，對另一幅肖像卻說：頭頂上缺少一個ＴＯＮＥ（指油畫色彩造型的調子）。後來艾中信回憶說，這是徐先生給他上的第一課。可見油畫中講求調子的訓言，在艾中信後來的繪畫事業中影響很大。然而在一九三九年和一九四一年重慶遭受的兩次大轟炸中，剛剛恢復元氣的中大藝術系校舍建設幾乎被毀滅，艾中信到重慶後近四年時間裡畫的不少油畫都埋在了瓦礫和硝煙之中，正如上述他所說的，這幅硬質材料的〈自畫像〉劫後餘生，幸而復得，成了我們現在能見到最早的一幅艾中信的油畫。這無論是對艾中信本人，還是對中國抗戰初期的油畫而言，這幅小畫都有了不同尋常的意義。

　　雖然這是艾中信早期初試牛刀的一幅油畫，臉部的形體和用筆塑造上不免有些稚嫩，但色調、色層的運用，卻深得老師吳作人的妙處，畫得渾厚、沉著、自然，富有油畫色調的美感。與徐悲鴻「擺」式的用筆塑造方法相比，此時的艾中信更多的是接受吳作人講求豐富、含蓄、潤澤的表現技術。

　　與純粹的技術型畫家相比，艾中信很早就表現出濃郁的人文情懷，具有很好的人文修養，這也與吳作人相近。因而艾中信從四〇年代開始，油畫一直是詩意盎然的，沒有僵硬的擺設和說教，從這幅畫的神情上來看，儒雅之氣確實依稀可見。

▎自畫像

艾中信 油畫 22×17cm 1938年 畫家自藏

29 — 1939〈上海街頭〉 張充仁（Zhang Chong-Ren 1907-）

　　中國早期雕塑家中僅有兩位是在油畫界有所建樹的，一是張充仁，二是廖新學。二位均留學歐洲，張是比利時，廖是法國。

　　張充仁一九〇七年生於上海，父母二人都長於雕花刺繡，算是給少年的張充仁提供過一丁點的藝術環境。但他真正的習藝階段，卻是在民國初年的上海土山灣畫館的照相製版部做學徒，期間從愛爾蘭人安敬齋那裡學到一些素描的常識和技術。傳入中國的西畫能有教育系統的，土山灣畫館算是一個，那裡有從洋人編譯的課本與技法入門書，有些課本還真的編得不錯。

　　有了這個洋人傳給他的功底，一九二六年張充仁開始畫油畫，就這麼點色彩畫的本領，為他一九二八年到上海合和電影公司畫佈景時提供了一定的基礎。然而，畫不到半年就跳槽去了《圖畫時報》當編輯，編不到一年又與郎靜山合作，合辦了一個美術攝影協會，兩年後，即一九三一年便放洋海外，在比利時考入了布魯塞爾皇家美術學院高級班，真是一年一個樣，步步高，最終實現了自己學習藝術的理想。

　　在校期間，他就有油畫〈涼風動蕩〉參加布魯塞爾萬國博覽會；其學業中的風景畫、透視學、禽鳥解剖學，還分別獲過學院大賽的第一名，受到布魯塞爾市長的嘉獎。當然，他在學院中的專業是雕塑，畢業時，其雕塑作品也連續獲得比利時皇家亞爾培金質獎章和布魯塞爾市政府金質獎章。在他之前的吳作人已獲過該校的金質獎章和「桂冠生」的稱號，成為三〇年代布魯塞爾皇家美術學院出現過的兩個耀眼的中國明星。此外，在這期間前後留學布魯塞爾皇家美術學院的中國學生，還有呂霞光、沙耆、戴秉心，他們在學院的學習中也都有不錯的成績，但真正以繪畫出名的還是吳作人和張充仁。

　　一九三六年畢業了的張充仁在遊歷完歐洲之後回國，回到十里洋場的上海開設「充仁畫室」，鬻畫和為名人塑像為生，直至抗戰開始，仍堅守「孤島」，苦撐著度日。陳抱一在他那篇有名的「上海洋畫運動略記」中說，張充仁與周碧初是堅守在「孤島」上的兩位重要油畫家。這幅〈上海街頭〉即是「孤島」時期的寫生作品。在上海期間，他除為于右任、馮玉祥、馬相伯、齊白石塑像之外，還畫過〈流亡〉（1937）、〈惻隱之心〉（1937）、〈滿目瘡痍〉等反映現實社會的油畫，但這些只存有印刷品，原作已不知去向，他擅長的風景、肖像畫，現有三幅藏在北京中國美術館，這幅筆法奔放、輕鬆的〈上海街頭〉即是其中的傑作。

　　張充仁的油畫大氣、生動，有個性，有很熟練的寫生技巧。頗像他的雕塑，重感覺，透著紮實的寫實功夫。張充仁不僅擅長油畫、雕塑，而且還是水彩畫高手，五〇年代還在上海出版過水彩畫集。相比之下，油畫在他一生中經營的時間實在不多，以至於現在他留給美術界的印象是雕塑家和水彩畫家，很少有人知道他曾畫有精彩的油畫。

■ 上海街頭
張充仁　油畫　33.3×35.5cm　1939年　中國美術館藏

30—1940〈放下你的鞭子〉司徒喬（Situ Qiao 1902-1958）

　　抗戰初期，曾有一個演遍大江南北的街頭短劇，用直接、形象和通俗的表演手法，揭露了淪陷地區人民的苦難，喚起了中國民眾抗日的激情。這就是由抗日宣傳演劇隊創作的〈放下你的鞭子〉。劇中的老漢和孫女分別由著名電影演員金山、王瑩主演。後來短劇受歡迎，在幾支流動演劇隊都排演了這齣劇碼，演老漢與孫女的也就不止金山、王瑩了。劇情很簡單，說的是一個東北老漢在「九一八」事變中，家人被日本鬼子炸死後攜孫女逃入關中，與孫女沿途賣藝以維持生計。但終日饑餓，小孫女在耍刀的時候終因體力不支摔倒了，於是引來圍觀人群的一陣奚落。老漢眼看孫女演砸了戲，收入落空，急得抽鞭痛打孫女，直打得令圍觀人不忍目睹，紛紛譴責老漢的不該，引來一段爺女倆人的感人對白：

　　「呵！我瘋了，天啊！我用鞭子抽打我可憐的孫女。呵，孩子，你能原諒我嗎？」

　　「爺爺，我不怪你，你也是沒法子呵！我知道的，不是你在打我，是那些鬼子……日本鬼子拿著鞭子在打我啊。」

　　受這個街頭劇的感動，徐悲鴻、司徒喬都畫過以該劇為主題的油畫。其中影響最大、最貼近該劇效果的是司徒喬畫於一九四〇年的〈放下你的鞭子〉，徐悲鴻的那一幅實則是借這個劇目為王瑩畫肖像，屬徐悲鴻熱衷的名人交際圈中的一部分，故原畫題為〈中華女傑王瑩〉。

　　一九三九年十月，由金山、王瑩率領的抗日救亡演劇隊在新加坡演出的時候，徐悲鴻在新加坡已住了近十個月，他為王瑩畫的〈放下你的鞭子〉，即是在他居住的黃曼士家裡完成的，新加坡淪陷後，該畫由陳嘉庚先生藏匿，才得以傳世，現藏台北故宮博物院。

　　司徒喬的這幅〈放下你的鞭子〉畫於一九四〇年七月，當時他剛從檳榔嶼遷來新加坡，金山率領的演劇隊在新加坡演出時，司徒喬常在現場座池裡畫速寫。整幅大畫的創作過程也頗有戲劇性。他將自己家裡的床臨時改搭成了一個戲台，請劇團的燈光師在周圍裝上射燈，金山和王瑩還「登台」扮相給司徒喬作模特兒，還真是扮演得聲情並茂，如同在大劇場一般。整整畫了一天，才把臉、手、動態、色調等主要部位畫完，其餘的是在演員走後靠記憶、速寫完成的。這樣一共花了三個星期畫完此畫。

　　司徒喬不是學院派出身，全靠臨場畫速寫起家，比起一般學院中的畫家來，要有更多切實豐富的下層民眾生活的經驗，而且還有詩人般的創作激情，所以雖然他採用了擺模特兒複製環境的創作方法，但仍是畫得很活，很生動，給人以一氣呵成的感覺，畫面中所表現出來的舞台效果和戲劇場景也依作品的實際需要。司徒喬的作品尤其是這幅〈放下你的鞭子〉，並不以精湛的技術取勝，而是以飽滿能得到更豐富的感情和生動的真實的人物為主。這種缺乏技巧卻很動人的創作現象遍及三〇年代的左翼美術，特別是新興木刻。技術永無完善的盡頭，一些技巧欠佳的作品之所以動人並具有藝術的感染力，一般說來是獲得了最佳的表達狀態，情感的需求大過了技術，這與兒童畫之所以迷人的道理一樣。司徒喬的一生證明了這一點。

▌放下你的鞭子

司徒喬　油畫　25×178cm　1940年　中國美術館藏

31 — 1941〈陝北人家〉 莊言（Zhuang Yan 1915-）

　　一九三五年十月，從江西蘇區突出國民黨軍隊包圍的紅軍，經過一年的征戰和跋涉到達陝北，在延安建立了紅色政權。在中國版圖上，這個地區當時是在共產黨領導下的獨立轄區。一直到一九四七年共產黨領導機關撤出延安，轉到河北西北坡為止。這十三年裡，大片陝北轄區就被人們叫做「解放區」，其餘的則叫做「國統區」。

　　由於紅色政權的出現，從一九三八到一九四一年，當時各地許多青年投奔延安形成一股熱潮，這些人當中就有不少作家（如丁玲、蕭三、周立波、賀敬之等）和藝術家（如江豐、古元、力群、王式廓、羅工柳等）。因而中國共產黨為了迅速培養自己的藝術人才，盡早為抗日宣傳做工作和為邊區人民服務，一九三七年底延安建立了「魯迅藝術學院」，一九四〇年改為「魯迅藝術文學院」。由於陝北物質基礎極差，加上在抗日戰爭中又遭國民黨勢力的封鎖，別說油畫筆、油畫顏料這些洋貨進不了延安，就是一般書寫紙也很匱乏。所以「魯藝」的藝術家們因地制宜，發展木刻，兼顧漫畫和素描。「魯藝」美術系在當時幾乎成了木刻系。這樣延安美術與被毛澤東稱為中國文藝旗手的魯迅倡導的新興木刻，迅速連為一體了。一些原本學油畫的人也都改刻木刻，如王式廓、羅工柳。當時整個延安在三、四〇年代只有一個油畫家，那就是莊言，而且傳世之作僅有零星的五、六幅，現均藏於北京中國美術館。

　　莊言是鎮江人，一九二一年曾在上海美專學過短期繪畫，稍有油畫基礎。一九三七年十月投奔延安，是陝北公學第一期的學員。結業後正值國共第二次合作剛剛開始，因而被派去武漢中國青年救亡協會做宣傳工作。

　　他後來能在延安畫油畫與這趟武漢之行大有關係。因為他在武漢買了一些油畫顏料及筆，帶回了延安，才使得他能在一九四一年從延安出發，與另一位畫家錢辛稻從洛陽到天水，沿隴海線一帶和魯藝的「河防將士訪問團」沿途作油畫寫生。現在存世的幾幅油畫作品，基本都畫於一九四一至四二這兩年。油畫顏料和筆是他從武漢帶回的那一批，油畫紙則是他用厚紙刷上膠自己做的，調色油是用當地點燈的煤油權充。由於材料有限，為了不浪費，他塗色用筆都盡可能的不反復，畫得很薄。技法上完全不是留洋畫家和本國學院派的那一套厚塗法，因為他在有限的油畫技巧裡沒法像學院派那樣講究，只能本份誠實地用油彩按自己的理解，畫他眼中的陝北風景和農民。也因為如此，他在畫中才保留了一些繪畫中更本質的東西——樸素、平實的美感。

　　這幅〈陝北人家〉就讓人看了相信是陝北的精神和感覺，十分貼切，沒有半點「跑調」的樣子。人們認為的那種「土味」還真有些像米勒的情調。

■陝北人家
　莊言　油畫　29.5×22cm　1941 年　中國美術館藏

32 — 1942〈勝利與和平〉唐一禾（Tang Yi-He 1905-1944）

　　一九三七年抗日戰爭開始後，北平、上海、南京和武漢等各大城市相繼失守，大量的政府機關、學校陸續西遷雲南、四川等地，其中也包括一些有名的私立學校。如由唐義精、唐一禾主持的武昌美專就是其一。唐義精的弟弟唐一禾三〇年代留學法國，此時在武昌藝專任教務主任和西畫科主任。兄弟二人是一九三八年夏天隨全校師生撤出武漢的，先是到湖北宜昌，然後再落腳四川江津，在德感壩開學復課。這時已是一九三九年十一月的深秋了，全校師生期間已整整經歷了將近一年的艱辛跋涉。

　　這幅〈勝利與和平〉就是唐一禾在中國抗日戰爭進入最嚴酷的一九四二年於江津創作的。就唐一禾的創作思想和藝術態度而言，他是社會責任感很重的宣傳型畫家，而且還受其兄的影響，有不少的左翼色彩。他總能在社會的每個轉折時期畫出時代最需要的人物形象。因此，他在二〇年代就讀北平藝專時就畫過〈鐵獅子胡同慘案圖〉，以此批判北洋政府對愛國學生的屠殺；北伐軍攻克武昌的時候，他也投筆從戎，在軍中做了一名繪畫宣傳兵；三〇年代他留法歸來，依然是掌握著直指社會現實的筆觸，畫了〈偉大的行列〉（1935）、〈武漢警備者〉（1936），尤其是一九三七年底至三八年九月，武漢成為中國臨時陪都的近一年時間裡，唐一禾更是熱情高漲，一共畫了四十餘幅一丈多高、內容為宣傳抗日的巨幅布畫，如〈正義的戰爭〉、〈還我河山〉、〈鏟除漢奸〉、〈敵軍潰敗醜態圖〉等等，在漢武街市的各種宣傳活動中向民眾展覽。一九四〇年他還打算畫一幅以青年學生抗日宣傳隊為主題的大畫〈七七的號角〉，後因地處江津窮鄉，油畫顏料短缺，最終沒有上畫布正式製作，只留下一幅很小的油畫稿，現藏於北京中國美術館。

　　大畫畫不了，而以同學為模特兒的小幅肖像還是經常可在課堂上畫的。然而，在這種肖像中，唐一禾還是不忘他的社會型的創作情結，讓模特兒裝扮成抗日游擊隊員或街頭賣農產品的農婦。這樣的作品有〈女游擊隊員〉、〈農婦〉和〈窮人〉。這幅〈勝利與和平〉畫的就是一個中國武士打敗倭寇，解救了縮在一角的中國母女，希臘的勝利女神正在給他戴上綠枝條的花冠。這種借神話或歷史形象、故事來表達現實的創作方法，是三、四〇年代中國西畫界較普遍的現象。李毅士如此，徐悲鴻如此，唐一禾也不能免俗。

　　這種不用具體可感的生活形象創作的現實主義題材的作品，其不足處即是較呆板，容易流於概念、口號。說實在的，唐一禾在那樣的時代和文化情境下，終究是畫肖像畫的高手，但尚未摸到現實主義創作的門道，或者說沒有這方面創作的社會基礎與經驗。儘管他很自覺的有畫社會題材的良好願望。

　　一九四四年唐一禾與其兄唐義精為校務的事情去了重慶，與擁擠的大批貧民同坐一船，不幸在小南海急灘處覆船遇難，時年三十九歲。當時消息傳回江津，全校師生痛哭失聲，其狀如喪考妣一般，可見唐氏兄弟在武昌藝專師生中受到愛戴的程度。

勝利與和平

唐一禾　油畫　169×133cm　1942年

33 — 1943〈灌縣岷江竹索橋〉

孫宗慰（Sun Zong-Wei 1912-1979）

　　孫宗慰，徐悲鴻的高足，一九三四年考入南京中央大學藝術系，在徐悲鴻、吳作人、呂斯百麾下接受了嚴格的寫實體系的技能訓練。一九三八年在戰時的重慶畢業，由於成績優秀，徐悲鴻將他留在身邊，做了中大藝術系的教師。之後一直跟隨徐師，直到一九五六年調任中央戲劇學院舞台美術系，此時徐師已去世三年。

　　跟隨徐悲鴻期間，他相繼擔任過中大藝術系的助教、講師，中國美術學院副研究員和國立北平藝專、中央美術學院的副教授。在重慶期間，徐悲鴻自有一個圈子，人員基本上是中大藝術系的師生。後來徐悲鴻在中大藝術系之外另籌建中國美術學院時，這個圈子也隨之遷移。雖然這期間徐悲鴻幾次往返桂渝之間，又遠涉南洋作藝事交流，吳作人、孫宗慰也去了西北大漠，但這個圈子的凝聚力卻從未渙散過，尤其是一九四二年，徐悲鴻在重慶安定下來後，他們又開始分批結伴去重慶附近的幾個風景區作浪漫的戶外畫旅，這批人中有孫宗慰、費成武、張倩英、陳曉南、艾中信、吳作人、張安治等人。他們中的一些好作品就有出自這幾趟旅行的佳績，這在戰時中國的後方中，實在算是一群浪漫的公家人。灌縣及青城山就是他們去過的風景宜人的好地方。

　　孫宗慰在一九四二年，曾短暫地跟隨過張大千在敦煌工作，還順便對蒙、藏地區做過一些旅遊，對那個地區的壁畫和民間藝術形式有直接感受。因此在一些畫上他有意做平塗勾線的嘗試，如〈蒙藏歌舞圖〉和〈蒙女趕廟會〉，但是孫宗慰最擅長的還是寫實。習慣了追隨徐悲鴻、吳作人的美學方法，因為對「作法」的講究和寫生的迷戀，使他最終沒有跨向民族形式的那一步，而是在大自然和生活裡畫真實的東西。

　　孫宗慰長於風景和靜物，肖像也畫得很紮實，在徐悲鴻與吳作人之間，似乎更接近吳作人的方法。然而，這種不長於「創作」，總囿於「習作」的作畫方式，在一九四九年後的中國大陸顯得有些落伍，也因而落落寡歡，終於在創作中沒有顯露什麼耀眼的光芒，然後逐漸消失於畫壇，新崛起的創作派畫家羅工柳、董希文、艾中信等同輩人順應時代風尚，又具有了延安美術的思想，於是在創作中冉冉上升。

灌縣岷江竹索橋
孫宗慰　油畫　39×55cm　1943年　台灣雅逸畫廊藏

34 — 1944〈沙坪新村〉 李瑞年（Li Rui-Nian 1910-1985）

抗戰開始不久，中國教育受到空前的衝擊，大批高等學校西遷雲南、重慶等地。其中大名鼎鼎的北京、清華、南開三所綜合大學，在昆明合併為「西南聯合大學」；藝術院校中的國立北平藝專與杭州藝專也在西遷途中合併為「國立藝專」，在重慶恢復上課。另外西遷重慶的還有徐悲鴻執教的南京中大藝術系和唐一禾主持的湖北藝專。戰時中國的這個變故，讓大批畫家走進了一個清新博大的自然世界中，從環境和心態上都給風景畫提供了一個發展的條件。現在看來，中國風景畫還真是成熟於這個避居西南的時期。

隨著大批學校的西遷，戰時中國的農村環境與中國畫家融在了一起，他們呼吸到了更多更純的自然氣息，課堂與自然連成了一片。像徐悲鴻、呂斯百、吳作人、龐薰琹、李瑞年等人，都是遷徙過程中或西遷四川以後，才更加地傾心於風景畫。西南的鄉野農舍也的確比原先他們去過的普陀、虎丘、秦淮河，更富於自然的情致，當然也成了戰時中國藝術家最好的造化課堂。戰前，中國不是沒有風景畫，但那時的風景畫多半是名勝和都市風光，與戰時的風景畫相比，不僅數量少，而且還在格調上少了一種純樸的帶著清新、潮濕空氣的自然氣息。更主要的是，過去在都市裡那種象牙塔似的學制，因戰時環境而被打破，教授和學生終日與鄉村農舍為伴，從這時起，這批打領結，梳分頭的藝術家才打心底感覺到鄉土自然的迷人，和由此變得對鄉土景色的虔誠。於是，許多留洋的畫家在這種環境中改變了畫風，走上了一條傾心於西南鄉土的現實之路。畫隨物變，筆下的風景便有了民族的氣息和生命的呼吸。

李瑞年的〈沙坪新村〉，是中國戰時風景畫中最有代表性的作品之一，畫的即是重慶古鎮沙坪壩外圍的鄉野景色，也是中大藝術系的一個教學所在地。李瑞年一九三七年由法國回來後，也加入了這個狼狽的西遷人潮，到重慶後，通過吳作人的引薦，得與徐悲鴻相識，便在徐師創辦的中國美術研究院做了副研究員和中央大學藝術系的教授。李瑞年擔任的是三、四年級油畫課的導師，每週都得由盤溪的石家花園住處，過嘉陵江去班上授課兩次。一九四三年在徐悲鴻的帶領下，與研究院的孫宗慰、張倩英、費成武、陳曉南等一批徐家弟子們去了灌縣青城山畫風景。這次寫生中顯露出的風景才華，大受徐悲鴻的欣賞，極力鼓勵他走上專門的風景之路。有一次徐悲鴻在與傅抱石聊天時，還特地誇獎李瑞年的風景畫有抒情詩的韻致。

據當時在中大藝術系當學生的韋啟美晚年的回憶：李瑞年背著畫箱，手提著尚未畫完的〈沙坪新村〉走在回學校的路上時，引得他們學生跟著歪著頭側看，想在這半成品中學到老師的一些「秘密」，真沒想到這幅畫後來成為中國風景畫中的名作之一呢！

▎沙坪新村

李瑞年　油畫　81×81cm　1944年　中國美術館藏

35─1945〈古橋〉呂斯百（Lu Si-Bai 1905-1973）

　　一九三七年八月，「八一三」戰事剛過，南京中央大學就啟程西遷重慶了。這在當時是走得較早的一所高校，所以在次年上半年就可以在重慶開學復課了。其間，大部分校舍及學生分在沙坪壩的松林坡，小部分教員則和學生在柏溪鎮上課與居住。中大藝術系主任呂斯百教授最初就住在柏溪。

　　呂斯百是徐悲鴻的高足，一九二八年中大藝術系畢業後，是徐先生爭取到公費送他去法國留學的。在法國巴黎高等美術學校其間，成績非常之好，兩幅靜物油畫〈野味〉、〈水果〉就獲得過法國春季沙龍的獎項。其中〈水果〉一畫還有明顯的塞尚結構手法的影子呢。但就徐悲鴻而言，則是喜歡有夏爾丹風格的〈野味〉。因而在有一次路經巴黎時，曾語重心長地告誡呂斯百應紮實打好基本功，萬不可走上形式主義的歧途。徐悲鴻對這位沉穩篤實的弟子非常的滿意，一九三四年呂斯百回國後，即被聘為中大藝術系的系主任和教授，替徐師掌管繁瑣的教學行政事務，成為徐悲鴻辦學上最得力的助手。像西遷過程中這樣繁重的任務和重慶時期的管理工作，大多是呂斯百單肩獨挑的，因為徐悲鴻在桂林、南洋的交遊活動很多，吳作人則有段時間也不在重慶，去了藏區和大漠寫生。所以，中大藝術系的師生們總有個比喻：徐悲鴻像父親，呂斯百像母親。後者仔細、周到的管理才能，使學校得以在艱苦的條件下運轉起來。

　　呂斯百雖大部分時間被捆在行政事務和教學上，但他一直有濃郁的寫生興趣，在南京中大時期，就常隨徐悲鴻帶學生外出寫生。到了重慶，一下子置身於一個清新的田園世界裡，更挑起了他那原有的鄉土習性。再怎麼繁忙，他還是找到了他藝術生涯上的第二個興奮期：那就是風景寫生。稍有空閒，他就蹲到田頭山野去畫風景。可以說他在重慶時期主要是忙於行政和教學工作，作畫不多，但這不多的一批寫生作品，尤其是風景寫生作品中，大多數不僅是他本人，也是中國油畫史上的重要作品，如〈嘉陵江〉、〈庭院〉、〈水田〉、〈蜀道〉、〈川景〉以及這幅〈古橋〉，都是同行們讚賞的佳作，也為此被稱為中國的米勒。

　　因為這是中國時局的大氣候下，中國油畫貼近自然的一個普遍時期，也是包括呂斯百在內的留洋畫家萌生中國經驗的開始。以呂斯百為例，他這一時期的寫生往往是一遍鋪陳，極少覆蓋，用筆自在，一氣貫注，與他在國外和在南京時期的作風相比，畫面爽朗有真切的鄉土意境。這種自由、生動、爽朗的風格，由此往後越發明顯，有的已接近中國傳統的寫意之境。在用色上，他偏愛土黃、土綠、土紅的調子，意境則是平常、低調的味兒，完全像他的人格一般，力求藝術感覺，但誠實可親，不張揚。

　　一九四五年抗戰勝利後，中大藝術系復回南京，徐悲鴻受邀北上接管國立北平藝專，許多弟子隨他而去，或陸續受邀前往，唯有這位被視為徐悲鴻左右臂膀的人物反倒沒有去北平（不知何故）。一九四九年後，起初呂斯百被分配到了西北師範大學，後又到南京，任師大教授，文革期間被關了「牛棚」，不久自殺身亡。三、四○年代聲名顯赫的呂斯百，晚境極其低調、平淡，在邊緣地帶走完了一生。

▌古橋

呂斯百　油畫　56×38cm　1945年　南京師範大學藏

36 — 1946〈我的妹妹〉趙無極（Zao Wou-Ki 1921-）

　　二〇年代的上海陳抱一，和四〇年代的趙無極，是中國油畫家中的兩位富商少爺，陳抱一的父親是上海有名的買辦，有雄厚的經濟後盾支持陳抱一學畫。陳抱一從日本回國時，娶了一位日本太太，還在上海江灣建了一座歐式的畫室，令同行們羨慕不已；畫室周圍有人工小河環繞、有吊橋、有大狼狗，很是氣派，當時的一些電影公司要拍影片的室內劇情，還常常商借作為影棚之用，其中田漢的劇組就進駐過陳家花園。趙無極的父親則是上海的銀行家，自然也有雄厚的經濟力量支持趙無極學畫，在離亂的日子裡使他沒有為生計發過愁，可以從容地研究他的純藝術，戰後又靠著家中的支持去了法國尋夢。

　　從小養尊處優、過著衣食無虞生活的趙無極，學畫就是為了純粹的藝術，當時在青年中，很有號召力的普羅美術與趙無極的文化理念是格格不入的。一九三五年趙無極考取當時全中國最好的藝術學校——國立杭州藝專時，才是十四歲的毛頭中學生。到杭州入學，還是由終日忙碌的父親陪著去的，據趙無極說，這是父親第一次陪他外出旅行，可見憐子情深。趙無極在學校時就有反叛意識，常常標新立異，我行我素，也因此會在一些課程上受到斥責。上潘天壽所教的水墨畫課就沒好好用功，得了個零蛋。但學院中支持新銳的林風眠、吳大羽對他相當寬容，在一些關鍵的處分中還是保護了他。直到晚年，趙無極在寫回憶錄時，還對二位恩師的這點寬容和保護深懷感激。

　　趙無極在學校畫了三年素描，第四年才畫油畫，可見國立藝專的嚴格和有特點的一面。據他的同學閔希文、朱膺回憶說，趙無極當時畫的肖像畫都是長脖子的，顯然受到莫迪利亞尼的影響，當然還有馬諦斯、畢卡索。趙無極在自述裡也說，他對這幾位現代派大師的摸索是很下功夫的。這點在他保存下來的四〇年代作品裡可看得很清楚。這幅〈我的妹妹〉是趙無極畢業六年後才畫出的作品，但其品味的純正和技巧的嫻熟，卻讓人很難想像是出自一個二十六歲的青年人之手。不知怎麼的，當我看了趙無極畫於四〇年代中後期的這批少年老成的油畫時，很自然的就想到畢卡索少年時的那批天才之作。二者的少年、青年和未來的畫藝成長之路又實在的是太相像了。

　　畢業後的趙無極，正逢中國抗日戰爭最困難的時期，物質極度匱乏，要想買到一盒像樣的油畫顏料都很難。因而趙無極只能用本地生產的一些油畫顏料畫自己的妹妹、妻子或自己。現在這一時期的家人肖像畫留了一些下來，這幅〈我的妹妹〉即為其中之一。趙無極去法國後轉道抽象藝術，在另一個全然不同於中國的藝術氛圍裡從事創作，融入了歐美世界的美術潮流。重慶時期這一段油畫之路便在揮手中告別了。

▌我的妹妹

趙無極　油畫　92×73cm　1946年　法國私人藏

37 — **1947**〈周小燕像〉潘玉良（Pan Yue-Liang 1899-1977）

　　從五四以來，中國的知識界逐漸有了一些新女性，她們留洋拿學位或進學校當教授，在女界中是相當風光的一族。但在中國這樣一個封建社會深重的國度裡，這樣的知識女傑終究不多，若有，大多也是出入書香人家和官僚人家的千金。最典型的就是林長民的女兒林徽音和蔡元培的女兒蔡威廉。例外者也有，如潘玉良。

　　潘玉良，安徽相城人，家境貧寒，出身青樓，一九一六年幸得相城海關監督潘贊化贖出，才得以前往上海，考入上海美專習畫，由此走上美術之路。她原本姓張，為了感念潘大人的恩德，改姓為潘。但她的青樓名聲還是使她屢遭非議，遂而起了去歐洲留學的念頭。

　　一九二一年潘玉良得潘贊化支助前往法國，先後就讀里昂和巴黎美術學院，由於在校期間成績優秀，拿了畢業展的大獎，因而獲得了一筆赴義大利的獎學金，得以再入羅馬的皇家美術學院深造，一九二六年奪取義大利羅馬國際藝術展覽會金質獎章。這個榮譽終於改變了她在國內藝術界被人忽視的印象。一九二九年劉海粟遊歷義大利，與潘玉良邂逅，即遞上了一張上海美專繪畫研究所主任兼導師的聘書，於是在兩個月後潘玉良榮歸上海。

　　她過去在上海美專的導師王濟遠為此在上海特為她開了「中國第一個女西畫家畫展」的展覽，這下，潘玉良頃刻間成了上海灘的女名人，引得以愛才著稱的徐悲鴻都從南京專赴上海，將她聘到南京中大藝術系任教。後因在一九三六年的一次個展上，她的一幅〈人力壯士〉的裸女畫，引來「妓女對嫖客」的人身攻擊和辱罵，一氣之下，潘玉良又於一九三七年負氣二度出國，這一走，就再也沒有回來，直至一九七七年客死巴黎。隨後其大量作品暫存中國駐法國使館，後來幸得中國美術家協會郁風的呼籲和幫助，將其整理後於八〇年代初運回她的家鄉安徽博物館，極少數送給了中國美術館。借此，潘玉良的畫跡、身世引起了人們極大的關注。作家石楠著的《潘玉良傳——畫魂》更是將這種關注推到高峰。潘玉良成了中國美術界的熱門話題。

　　這幅〈周小燕像〉，是潘玉良二度出國多年之後，在巴黎替留歐的中國著名歌唱家周小燕女士畫的寫生肖像。周小燕後來回國執教於上海音樂學院，既是歌唱家，又是名教授。潘玉良作畫，不拘常法，大膽豪放，但又流露著女性特有的色感和造型。面對周小燕這麼一位氣質高雅、清秀的知識女性，她有意使畫面像馬諦斯的作品那樣有彈性和音樂性，但線條、塗色並不追求流暢，而是有一種巧拙相生的澀味。潘玉良不是天生麗質的那種才女靚妹，她畫的許多包括自己在內的肖像和風景、靜物，均是有稜角有個性的對象，像〈周小燕像〉這般撫媚動人的作品絕少。惟此，顯得珍貴。

■周小燕像

潘玉良　油畫　60×91cm　1947年　中國美術館藏

38 — 1948〈騎樓下〉楊秋人（Yang Qiu-Ren 1907-1983）

　　楊秋人是三〇年代「決瀾社」的骨幹，中國第一批搖曳著現代主義大旗的熱血青年。抗戰以後，「決瀾社」的成員各奔東西，現代主義的旗桿很快被戰時文藝的勁風攔腰吹斷。倪貽德、龐薰琹、周多、陽太陽、楊秋人、張白波等轉入左翼的普羅文藝軌道，投入到抗戰的文藝洪流中去。楊秋人去了香港和桂林，尤其在桂林，與很多雲集於此的進步文化人一道，在這裡從事著如火如荼的戰時文藝的宣傳工作和藝術教育事業，一直堅守到一九四四年桂林淪陷。在桂林期間的一九四二年，他還參加了由一群從香港逃出來的畫家組織的「香港的受難」這一畫展，他有十幅油畫參展，如〈血漬〉、〈炮聲中〉、〈漁人劫〉、〈兩難童〉和〈戶外鐵蹄聲〉等。

　　抗戰勝利後，楊秋人與陽太陽都到了廣州，在市立美專和省立美專教書糊口。這幅〈騎樓下〉就畫於廣州時期。之後，三年國共戰爭接近尾聲，廣州也成了國民黨退守的一個重鎮，於是楊秋人在一九四八年再度過境香港，在香港參加進步團體「人間畫會」，一九五〇年才回到廣州。五〇年代起，開始了他在中南美專和廣州美術學院做高層行政工作的半官半藝的教育生涯，直至去世。

　　一九四九年以後的楊秋人油畫，如今存留世間的，就剩這麼一幅了，其餘的全部散佚。倒是一九四九年後他畫了許多充滿勞動熱情和鋪滿艷陽天的漂亮油畫，這些油畫都完整地保存下來了，這樣，一個油畫家楊秋人的面貌才得以重新確立起來。

　　然而時過境遷，楊秋人已由過去的社會批判的左翼角色變成了新時代的熱情歌手，過去表現主義的孟克式表現手法消失了，由明亮、通俗的表現手法和熱情似火的情調取而代之。

　　楊秋人在「決瀾社」時期和四〇年代的油畫面貌與成就如何，現在僅憑一幅〈騎樓下〉當然很難判斷，事實究竟如何，我們還是通過一些與他相知相熟的朋友的文字記錄來認識，權作文獻看待。首先是「決瀾社」主將之一的倪貽德在一九三五年的《藝苑交遊記》裡說「楊秋人和陽太陽可說是一對廣西人的伙伴。他們也是具有清新的頭腦和優秀的畫才的青年作家。因為時常在共同研究，他們的作風是有些相近的，他們都在追求著畢卡索和傑里訶的那種新形式，而色彩是有著南國人的明快的感覺」。其次是楊秋人在抗戰時和香港時的老朋友黃蒙田在「悼念楊秋人」一文中說楊秋人在「決瀾社」時期的作品「大抵都是風景、裸女和人像之類」，而且是吸收了後期印象主義及其以後的畫派在造型方法上的表現手法，用筆簡潔俐落，色彩傾向寒調子，而且擅用灰色……顯然受了烏拉曼克（Vlamincle）和德朗（Derain）等畫家影響的畫風。再就是他在廣州美院的同事遲軻在「論楊秋人油畫藝術」一文中說，他在上海美專時畫過〈清道工人〉、〈雪夜〉、〈當鋪前所見〉這樣的普羅作品，但這批作品已毀於戰火。桂林時期的不少作品也同樣遭此命運。

　　這些記載，著實令人嚮往，嚮往著有一天能與這些作品偶然奇遇。

▍騎樓下

楊秋人　油畫　47.5×54.5cm　1948年　楊白子藏

39 — 1949 〈黑衣女青年像〉 蘇天賜（Su Tian-Ci 1922-）

　　蘇天賜是林風眠的弟子，廣東人，一九四三年隻身赴重慶，考入國立藝術專科學校，兩年後，選入林風眠畫室。一九四六年畢業，回廣東省立藝專任教，僅一年就辭職回到杭州，尋求新的出路。後得林風眠的賞識，邀請他到國立杭州藝專剛剛恢復的林風眠畫室做助教，這是一九四八年九月的事。一九四九年五月，國立杭州藝專進駐了軍代表，整個教學結構和領導班子也隨之改組。林風眠因提倡新派繪畫，再度受到排擠和攻擊，但這回不是因為學潮的人事紛爭，而是來自革命左派的指責了，這是誰都難以過關的政治壓力。同時受到指責的當然還有年輕的蘇天賜。

　　一九五○年林風眠畫室實際已被解散，蘇天賜也被調派蘇州革命大學政治研究院學習。一九五二年林風眠黯然離校，回到上海做寓公，自此再也沒有回到自己創辦的學校。蘇天賜則被調到山東藝術學院，也由此離開了林風眠。

　　蘇天賜在重慶時期就心儀林風眠，在畫風上也追慕林風眠，喜用流暢爽脆的線條，擅用黑色，強調外輪廓的整體力度和一氣呵成的效果。他現存下來的幾幅早期油畫如〈林風眠像〉、〈蒂娜〉、〈藍衣女像〉和〈黑衣女青年像〉，都是畫於隨林師做助手的時期。前兩幅畫是一九四八年十月在林風眠家裡為他的寶貝女兒蒂娜過生日時，為他們助興而畫的；後兩幅則是一九四九年在杭州，分別在臥龍橋和孤山校本部畫的，寫生對象均為凌環如（後來成為蘇天賜夫人）。就是這兩張藍、黑女像，在國立藝專被接管後，遭到倪貽德、龐薰琹等昔日先鋒派教師的猛烈批評，斥責為資產階級形式主義的玩意兒，認為掛在教室裡毒害了青年，這成了蘇天賜被調離的最充分的理由。

　　現在看來，〈黑衣女青年像〉是蘇天賜早期油畫中最成功的作品，有一些林風眠風格的影子。紅黑兩個大色塊的對比，穩穩的壓住了畫面，有彈性的線條勾得乾淨俐落，將整個造型或姿態帶出了女性嫵媚、哀柔的味兒；整個畫面的情緒、手法都充滿著隨機應變，一氣呵成和主觀駕馭對象的藝術妙處，雖然色層的反覆很多，但不露痕跡，一切都在才氣、天真的流露之中。時隔半個世紀再看此畫，仍覺得有大家手筆的風範和自主的藝術個性。

　　一九五三年全國院校大調整，按中央教育部的安排，山東藝術學院與上海美專合併為南京藝術學院，就這樣，蘇天賜一直在南藝工作下來。但是幾十年來，不管有多少的政治風雲，蘇天賜終究沒有改變過他在〈黑衣女青年像〉中形成了的藝術風格和手法，而且愈到晚年，愈接近寫意的筆趣和線條的巧勁力量，與恩師林風眠的意趣神合一處。

■黑衣女青年像
蘇天賜　油畫　83×68cm　1949年　自藏

40 — 1950〈開鐐〉 胡一川（Hu Yi-Chuan 1910- ）

一九四九年，「解放區」的美術家大多進了城，不僅與「國統區」的美術家會了師，還分別接管了各級不同的學校和組建各種新的文化事業機構，擔負著革命文藝的建設重任。原先在「解放區」刻木刻的畫家，很多在學校期間學的是油畫，只是因為戰時環境的需要改了行。進城後，有了畫油畫的條件，於是又操起了舊業。但他們的政治思想和藝術素養，與留洋歸來或出自四〇年代校門的油畫家相比，已有了很大的不同。一是擅長創作，尤其是革命歷史題材的創作；二是畫風、情感極其貼近生活與時代的要求；三是具有「土油畫」的品格，開創了一個新的風尚。能有這些不同，完全是因為這批畫家們，對革命鬥爭的環境、人物、道具的熟悉和有切身的認識，因而畫起這些現實主義的作品來是得心應手、自然而成的。因而一些表現政治內容的現實主義油畫，就數「解放區」的畫家畫得真實、樸素、貼近時代的氣氛。

的確，中華人民共和國成立之初，文藝工作者直接感受著這現實氣氛，於是有了各種表現中國革命鬥爭內容的小說、歌曲和繪畫並不奇怪。以油畫而言，從「解放區」進城來的莫樸、羅工柳、胡一川雖然都做了官，但都以身作則，勤於創作，給油畫界吹來了一股泥土味的畫風，創作了〈清算〉、〈入黨〉（莫樸）、〈地道戰〉（羅工柳）、〈開鐐〉、〈前夜〉（胡一川）等一批真實的作品。

胡一川的〈開鐐〉畫的是大陸解放前夕，軍隊進城後，打開監獄地牢的閘門釋放被關押者時，彼此激動相會的一幕。作品以開鐐為主體情節，並以「開鐐」點題，有雙重寓意，既是實況，又是象徵。這是中國革命現實主義創作中特有的講究畫題的巧妙性和以題帶畫的方法。

胡一川在上海從事左翼美術運動的時候，曾坐過監獄，對獄中革命者的處境和服裝、模樣、環境有切身的體會。儘管在進城前沒有畫過油畫，但憑藉他的生活經歷和真誠，用樸素的手法完成了這件畫風自然的作品，因此那些應該講究的色彩、造型、素描在這種真實、樸拙的氣氛裡，已顯得微不足道。

胡一川一九二九年考入國立杭州藝專，在校期間就不循規蹈矩，具有強烈的叛逆思想，因此參加並組織了左翼思想味很濃的「一八藝社」，為此，被校方開除。後來去上海從事更廣泛的左翼美術活動期間，還被捕入獄。一九三七年抗戰爆發後去了延安，他一直是木刻界的重要領導者之一。一九四九年進北京，任新成立的中央美術學院黨組書記和教授，與徐悲鴻共事。一九五三年調至武漢籌建中南美專，五年後中南美專撤銷，改建廣州美術學院，胡一川任院長，直至退休。

▌開鐐

胡一川　油畫　170×240cm　1950年　中國革命歷史博物館

41 — 1951〈地道戰〉羅工柳（Luo Gong-Liu 1916- ）

一九五一年大陸籌建中的中國革命歷史博物館為陳列需要，向畫家們徵集了一批命題創作，這個活動很快產生了中國五〇年代以後第一批有影響的革命歷史畫，這些畫現在都在革命歷史博物館永久地陳列或收藏著，羅工柳的〈地道戰〉即是其中之一。

原在革命歷史博物館擬定的畫題中是沒有〈地道戰〉的，當時組織上分配給羅工柳的畫題是〈整風報告〉，可是羅工柳卻主動請纓再多畫一幅〈地道戰〉，沒想到這一變故，卻給中國現代美術史留下了一幅傳世之作。後來這幅畫被印在了中國通用的中小學生的課本上和很多出版物中，多年來一直在社會中流傳。

當時徐悲鴻還健在，擔任著中國美術家協會主席和中央美術學院院長，掌握這個政府佈置的政治性的創作工作。待任務分配完半個月後，徐悲鴻帶領吳作人、王式廓、李可染、彥涵等教授（當時羅工柳是中央美術學院的副教授）挨家挨戶作巡視檢查，當在狹窄侷促的羅工柳的臨時畫室裡看到已完成的〈地道戰〉時，大為驚訝，對這個在延安以木刻聞名的畫家，畫出了這樣有氣氛有真實感的作品讚賞不已，也頗為不解。同去的李可染還驚訝得直問：你過去不是刻木刻的嗎？什麼時候練就了畫油畫的本領？

不可否認，在色彩上〈地道戰〉是土油畫，這是相對於吳作人、常書鴻等輩的洋油畫而言的，並非貶詞，對此羅工柳也有自知之明，正因為如此，他一九五四年去了蘇聯列賓美術學院讀研究生，以求補課。當時他帶去面試的作品就是這幅〈地道戰〉（可能是印刷品）。面對這幅畫，洋教授讚不絕口，極力表明羅工柳現在讀研究生實在沒有必要。於是當時中國使館的文化參贊依據實際情況，讓羅工柳留在蘇聯改做了進修生。一九六〇年羅工柳回到中國後，在中央美術學院開辦了油畫研究班，兩年後又誕生了一批優秀的革命歷史油畫。

抗日戰爭時期，冀中平原的地道戰，曾使日本鬼子聞風喪膽，在敵後演出了一幕幕驚心動魄的戰爭奇蹟，使敵後的抗日鬥爭堅持了下來，並配合了後來抗日戰爭的戰略反攻。六〇年代「八一」電影製片廠還根據這些史實和故事，拍成了一部教學故事片「地道戰」，曾在大陸家喻戶曉。

羅工柳在「解放區」時期，幾乎沒有機會接觸油畫，但有一些機會畫壁畫、布畫時，練就一手畫大畫的本領，加上進城後常與徐悲鴻、吳作人、董希文、王式廓、艾中信等畫家聚在一起，給勞工模範及農民畫肖像，藉此在油畫上得到一些練習，以至於在畫〈地道戰〉、〈整風運動〉時沒感到怎麼生疏和吃力，相反能自信地按自己的理解去畫油畫。自信佔了上風，又有生活基礎作參照，像模像樣的畫面，早已使人們忘記了它應該有什麼樣的技巧。

▎地道戰

羅工柳　油畫　178×148cm　1951 年　中國革命歷史博物館藏

42—1952〈開國大典〉 董希文（Dong Xi-Wen 1914-1973）

　　二十世紀五〇年代初，一個大國在東方崛起，其精神給生活在這塊土地上的人們的鼓舞是可想而知的。也因為這個原因，畫家們都自覺地以最大的熱情去表現和謳歌這個時代，用近乎虔誠的創作態度去反映這個大時代。於是，走通俗之路，讓人們喜聞樂見，成了畫家們創作時不加思索的第一選擇。這是一個時代意識的集體積澱，畫家置身其中，大多是時代海洋裡歡躍潮湧的一朵浪花，很少有例外。

　　在四〇年代時畫過〈苗女趕場〉和〈哈薩克牧羊女〉的董希文，進入五〇年代便主動放棄了由敦煌壁畫借鑒而來的油畫民族化的理想，改為在寫實的基礎上作更通俗的調整。雖然這種通俗的理念中也含有民族化的一片，但顯然不是敦煌壁畫的風格了。尤其是一九四九年後，出現的許多重大事件給他提供了許多前所未有的施展才華的機會，他過去描繪的那些小情小調的題材，一下子在這種巨變的時代面前變得不合時宜。就這樣，他畫了〈開國大典〉、〈春到西藏〉、〈雄師百萬過江南〉、〈紅軍不怕遠征難〉等一批他過去從未想過的巨構。

　　董希文對油畫民族風的思考和實踐，在中國百年油畫進程中的大半個世紀裡最具正面意義，也最落在實處，即便畫〈開國大典〉這樣嚴肅、宏偉，且帶有政治色彩的作品，仍不失掉他那主觀的對民族形式和通俗性的追求，他大膽採用純淨、鮮亮和熱暖的色彩關係，吸收了年畫平滑、工整的繪製手法，使畫面的通俗性有了華夏民族的審美特色。畫面中的人物安排、環境設計和施色方法都完美地表達了一個富麗堂皇、熱烈的大典氣氛；天空、廣場、地毯、廊柱的顏色均是平刷的，卻絲毫沒有降低色彩表現的質量而使其成為簡單、死板的色彩效果，這實在是董希文的高明之處。董希文四〇年代去過越南，在河內接受過法國老師的指點；在杭州國立藝專和蘇州美專又打下了紮實的造型基本功；在敦煌也研究過傳統裝飾藝術的手法。因此，他能自如地畫寫實、裝飾和表現等多種手法的油畫，徐悲鴻對他這種優點極為讚賞，而且他對每幅畫和與之相對的每種表現方法都有明確、獨到的想法，這在中國油畫家中並不多見。在這幅畫中，他為了讓毛澤東眼前的視野開闊起來，便大膽地依附構圖的需要，將原來天安門建築結構中的一根廊柱去掉，這種「藝術」的處理，不僅不礙事，還能讓畫面合情合理，讓人們沒有半點彆扭的感覺。

　　然而，這樣一張以歷史事件為依據的紀實性油畫，卻在歷次政治運動中坎坷度日，為此，董希文也費盡了精力。先是一九五四年高崗、饒漱石反黨集團被打倒，董希文即受命塗掉了站在張瀾身邊的高崗副主席的形象，其次是一九六七年劉少奇被打倒，董希文於一九七二年從鄉下被召回，再次受命於長官意志，將劉少奇塗改為董必武。此時的董希文已是癌症纏身，一年後便病逝了。文革結束後，劉少奇的冤案得到徹底平反，中央美院的靳尚誼等人又奉革命博物館的約請，將劉少奇的原貌恢復於畫上。就這樣折騰了數回，〈開國大典〉就有了三種流傳於社會中的不同版本。

■ 開國大典

董希文　油畫　230×405cm　1952-53年　中國革命歷史博物館藏

43 — 1953〈建設的尖兵〉尹戎生（Yin Rong-Sheng 1930-）

　　中華人民共和國成立之初，工業狀況十分落後，對此，毛澤東曾感慨地說過：現在我們能造什麼？能造桌子椅子，能造茶碗茶壺，能種糧食，還能磨成麵粉，還能造紙，但是，一輛汽車、一架飛機、一輛坦克、一輛拖拉機都不能造。有了毛澤東這段話，一股自力更生、尋找資源，盡快建立自己的工業體系的建設熱潮，迅速在中國上下掀起。看過六〇年代大陸的影片「青年一代」的人都不會忘記，那個時代地質系的大學生們踴躍奔赴大山窮溝，立志為祖國找礦的熱情。當時「到祖國最需要的地方去」的確是青年人人生選擇的一種時尚，因而，表現這種在艱苦、火熱的建設事業中映照出的青春人生，自然也是畫家們很熱衷的題材。葛維墨就畫過一幅油畫〈到祖國需要的地方去〉，算是這種「時尚」的一種總體縮影。

　　尹戎生畫這幅〈建設的尖兵〉的時候，還是中央美術學院油畫系三年級的學生，舉國上下掀起的大工業熱潮讓他感到從未有過的激動和新奇，雖然端坐於安靜校園裡的學子，無法親身體會戰鬥在建設第一線的人們，洋溢出的那種敢叫日月換新天的澎湃情緒，但新型的藝術學校所倡導的學生下鄉、下廠，體驗生活搞創作的風尚，還是讓他們看到了一個團結、奮進的大工業景象，為他們的油畫創作直接輸送了真實、鮮活的勞動者形象和感人的時代環境。這個年代的藝術，無論是創作者的人生態度，還是學校的創作教育方法，與一九四九年以前的學校和畫家相比，都有了很大的轉折。

　　蘇聯不僅是當時中國大陸工業建設的扶持者，也是中國美術學習的榜樣，他們那種著意健康、主流的社會題材和現實生活的表現視角，與中國當時的意識形態十分吻合，也因此在中國的青年畫家中得到強烈的共鳴。這幅〈建設的尖兵〉就很容易讓人想起蘇聯畫家普拉斯托夫的油畫〈拖拉機手的晚餐〉的情節和意境。晚霞餘輝下，幾名青年地質勘探隊員在整理一天來的探察情況，此情此景是欣慰的、認真的。不遠處帳篷旁炊煙飄漫，與紫灰的霧靄共同包圍著這群在大山中為家園尋寶而度過青春的人們。

建設的尖兵

尹戎生　油畫　尺寸未詳　1953 年　畫家自藏

44 — 1954〈水巷〉莫樸（Mo Po 1915-1996）

　　一九四九年後由「解放區」開進城市的木刻家中，有幾位在新的物質條件下恢復了本行，畫了油畫，如來自延安的王式廓、羅工柳、胡一川和來自新四軍的莫樸、涂克。

　　事實上，莫樸在新四軍與八路軍的部隊中都工作過，一九四〇年他先是在皖東參加新四軍，利用辦報、刻木刻和畫宣傳畫等形式，在抗敵前線中做了三年的抗日宣傳工作。一九四三年隨延安來的幹部離開淮南，轉赴延安，被分配在延安魯藝美術研究室工作。一九四五年起任魯藝和華北聯合大學的教員，直到一九四八年準備進北京前夕。

　　這期間，他參加了張家口附近農村的土地改革運動，進北京前，與江豐被任命為北京美術工作隊的正副隊長，負責籌組進城後的全國美術組織工作。他那張有名的鬥爭地主的油畫〈清算〉，就是一九四八年在河北農村創作的，同時畫的還有〈分地〉、〈參軍最光榮〉。一九四九年到北京後，參加組織了中共解放軍入城式的裝飾設計工作，出席了全國第一屆政協會議和第一次全國文代會、美代會。不久，即與江豐、龐薰琹、彥涵等「解放區」的美術幹部南下杭州接管了國立杭州藝專，之後便留在那裡做學院（後改名為中央美術學院華東分院和浙江美術學院）的教學領導工作。不料，這樣一位老革命，卻在一九五七年與江豐一道被打成了「右派」，撤消一切行政職務。

　　這幅寫生〈水巷〉是他藝術上升期的一幅佳作。當時，由「解放區」來的畫家進城後，放下刻刀，拿起畫筆，都普遍進入一種對技術進行惡補的作畫狀態，而利用一切可利用的時間到戶外，乃至赴外地，去農村鄉下寫生，就是這種補課最常見的課程和最管用的方式。他一生中的絕大部分油畫作品，不僅都畫於這個時期，如〈宣誓〉（1950 年）、〈選代表〉（1953 年）、〈方志敏〉（1955 年）、〈魯迅與祥林嫂〉（1956 年）、〈南昌起義〉（1957 年）等，而且還去了浙江附近農村、湖南等地寫生，在一個百廢待興、瘋狂工作的短短幾年裡，這種相對行政工作而言，純屬業餘作畫的畫家身份，能有如此成績，的確讓人感受到他那種只爭朝夕，而且飽滿、從容、暢快的精神狀態。

　　一九五四年，他為了扭轉國立杭州藝專國畫專業那種以花鳥為主、人物因襲任伯年等輩的反生活的習風，親自倡導並制定了「人物為主，寫生為主」的教學方針。雖說是針對中國畫，但其思想深處何嘗不包括著油畫呢，他自己就身體力行。

　　相對「國統區」來的油畫家而言，「解放區」來的油畫家似乎都有一種相對共同的風格，那就是質樸無華、粗壯厚重的外在形態和內在的美學品格。典型的如王式廓、莫樸、王流秋、胡一川和早期的羅工柳莫不如此。而且他們都將這種形態自謙為「土油畫」，從不為此寒傖過。

▌水巷
莫樸　油畫　42×54.5cm　1954年　畫家家屬藏

45 — 1955〈鐵路工人〉 **李宗津**（Li Zhong-Jin 1916-1977）

　　五〇年代，中國大陸處於一個前所未有的大規模的建設年代，蓋工廠、修水庫；辦公社、架高爐，當時就像一片勞動者的海洋，他們是社會的主人公，主人公就是勞動者。在知識分子眼裡，勞動者的形象高大、光榮。剛剛經過了思想改造運動的知識分子，對這些粗手大腳、黑臉寬膀的勞動者的認識也有了全新的輪廓，過去一直身居高位的徐悲鴻，此時都在勞動熱潮的感召下，帶著眾多同道，手捧速寫本蹲到水庫工地去，極其認真地為工地上的工人、農民畫勞動的英姿呢，不僅如此，就連美院課堂中的模特兒也變成了勞動者的打扮。當你看到李宗津完成於課堂的習作〈鐵路工人〉時，就看到了那個年代的中國大陸思想意識中審美的縮影。

　　李宗津長於寫實，有普羅文藝的思想，四〇年代中後期，畫過〈北平的早市〉，也因為這樣，深得徐悲鴻的喜愛。當然，他的叔叔李毅士與徐悲鴻也有很好的交情。

　　李宗津來自書香世家，清末小說《官場現形記》的作者李寶嘉是他的祖父；叔叔李毅士，是中國第一代留英的油畫家，並且與徐悲鴻是好朋友，曾一同在南京中大藝術系共過事。四〇年代任北京協和醫院院長的李宗恩是他哥哥，他自己則學畫。一九三四年考入顏文梁執掌的蘇州美專，一九四六年受徐悲鴻相邀到北平藝專任講師，第二年因學潮而辭職，轉任清華大學營造系（也就是今天的建築系）講師。一九五〇年代，中央美術學院慕其寫實能力，將剛由法國歸來、熱衷於西方現代藝術的吳冠中與他作了交換，這樣，李宗津又回到了徐悲鴻的群落裡。不料一年後徐先生即告病逝，李宗津頓時失去了呵護的恩師。然而此時的李宗津已成名畫家，遺憾的是在創作上已完全緊跟形勢，畫了不少表現革命內容和建設題材，甚至毛澤東主席形象的作品，但這種的政治姿態並沒有給他帶來事業的坦途，一九五七年他還是被劃入了「江豐反黨集團」而打成右派，自此消沉了二十年。雖然一九六一年他得以摘帽平反，但在十年文革中，像他這樣有過「前科」的人，自然是在劫難逃。一九七六年「四人幫」垮台，但他也走到了生命的盡頭。

▋鐵路工人

李宗津　油畫　49×72cm　1955年　私人購藏

46－1956〈畫家梅爾尼柯夫〉

黎冰鴻（Li Bing-Hong 1913-1986）

在二次世界大戰後的世界格局裡，蘇聯一直是社會主義陣營的領袖，他的理論、國力影響和幫助著中國共產黨。一九四九年中國共產黨建立初始的經濟建設，很大程度上離不開蘇聯老大哥的支持。一九五三年中蘇簽訂的蘇聯援助中國發展國民經濟的協定，就援助了中國九十一個工程項目；次年再簽協定，又增加了十五個項目，蘇聯人民的形象在當時中國大陸人民心目中，是何等崇高可想而知。

當時中國社會上到處傳誦著一句響亮的口號：「蘇聯的今天就是我們的明天」，於是，蘇聯社會中的一切成為中國人民生活中隨處可見的模仿對象，列寧服、蘇聯歌、蘇聯舞以及蘇聯電影、小說、繪畫、語言，在社會的各種階層到處流傳。不僅如此，高鼻子、凹眼睛的蘇聯人也常能見到。五〇年代中後期便有三千多名蘇聯顧問、專家陸續來到中國。中國也相應派出了很多留學生和考察團去蘇聯學習、交流，其中就有美術家代表團。中央美術學院華東分院（即後來的浙江美術學院）的教授黎冰鴻在一九五六年去了蘇聯，這幅畫即是當時他的寫生。為蘇聯專家畫像，當然是足以自豪的、充滿激情的，這樣的為外國專家寫生的作品還有〈畫家梅爾尼柯夫〉、〈蘇聯作家西蒙諾夫像〉、〈社會主義勞動英雄〉等。

黎冰鴻是廣東人，出身在越南，並在那裡接受了早期的油畫學習。三〇年代去香港，結識李鐵夫，並在香港參加抗日救亡的各種文藝活動，在戲劇、電影和美術界都有過作抗日宣傳的事跡。抗戰勝利後，進入內地蘇北地區，成了一個戰地油畫家。黎冰鴻原有很好的寫生能力，這種寫生能力，在向蘇聯學習後更加提高。

他在杭州美術學院任教多年，畫有很多深入生活的寫生之作，這些作品瀟灑之極，筆趣生動。這幅有力、生動和形神兼備的肖像寫生，當屬黎冰鴻一生中寫生的精品，整個頭像的筆觸與塑造可謂筆筆生輝，有一氣呵成的美感，過後不可再得。

■ **畫家梅爾尼柯夫肖像**
黎冰鴻　油畫　39×29cm　1956年　畫家家屬藏

47—1956〈姐妹倆〉**高帝**（Kao Di 1928-）

　　一九五六年第一屆中國大陸青年美術作品展覽開幕，通過這屆畫展，湧現了許多優秀的作品和創作人才，之後成長、成名的許多中國畫家，有不少就脫穎於這屆畫展。在青年畫家們的心目中有很高知名度的董希文，在《美術》雜誌第四期上，以「新苗在成長」為題，為這屆美展寫了一篇熱情洋溢的評論文章，對其中的一張〈姐妹倆〉的油畫，在表現手法上的民族化嘗試做了正面的肯定。也許是董希文長期以來思考的問題在這些「新苗」身上有了可喜的回應，因而他覺得很是開心。

　　高帝是江蘇無錫人，一九五三年畢業於中央美術學院油畫系，後來被分配到內蒙古自治區從事美術教學工作，因而一九五六年創作〈姐妹倆〉時，很自然地採用了蒙古族風情的題材。如果光是少數民族的題材當然不會使這張畫錦上添花，並且成為這一屆美展中的名角，而被中國美術館收藏。它的別致之處在於造型、色彩的平面化處理，凸現於當時中國油畫對明暗法趨之若鶩的仿蘇態勢之中，因而顯得格外出眾和新穎，同時又切中了當下中國油畫界出現的民族風的問題討論，這才得到了普遍一致的關注與好評。

　　然而，中國畫家的靈氣有太多的「一閃念」，也存在著不少「一張畫主義」的範例，致使很多原本有才華、有想法的藝術實踐淺嘗輒止，有了開端，沒有未來。高帝即是其中一例，而且典型。他在內蒙工作一段時間後，先調至馬鞍山，後調至福建畫院，這其中畫過一些油畫，如〈學步〉、〈向警予像〉等，但均未達到原有的藝術高度，表現手法也沒有在已露端倪的民族性油畫的手法上進一步開拓、深化。自從畫完〈姐妹倆〉後，即在畫壇上銷聲匿跡，逐漸成了一個被遺忘的英雄。

▌姐妹倆

高帝　油畫　45.5×41cm　1956年　中國美術館藏

48 — 1957〈起家〉詹建俊（Zhang Jian-Jun 1931-）

　　畫中的青春身影把我們帶進那個拓荒的五〇年代。

　　一九五六年五月，繼新疆墾荒之後，轟轟烈烈的北大荒墾荒大會戰正式開始，從這時起到一九五八年，十萬墾荒大軍奔赴東北，其中大部分是剛剛脫下軍裝的轉業軍人，一小部分是中國各地剛走出校園的知識青年。那個年代就是這樣，哪裡有艱苦，哪裡就有青年人嘹亮的歌聲，哪裡有建設，哪裡就有青年人的身影。如今四十多年過去，當年的甘苦換來了今天的富饒，北大荒變成了北大倉，過去遍地荒草的地方，如今成了一個新興城市。那個年月裡的歡樂與艱辛，照例融在了當年許多的美術作品裡。

　　過去創作跟現在最大的不同，恐怕就是體驗生活。即下到農村、工廠去，與農民、工人同吃同住同勞動，借此培養與勞動人民的感情，尋找創作題材和形象。

　　一九五六年底，由蘇聯油畫家馬克西莫夫主持的油畫訓練班，進入了結業創作階段，學員們開始依據自己的創作題材，去選擇各自體驗生活的地點。詹建俊是東北人，他要畫的是北大荒農墾區青年人的勞動生活，於是背起背包、提起畫箱去了東北，在落戶北大荒墾區的北京青年搭建的「北京屯」裡，完成了結業作品的基本構思、構圖和形象的收集工作，回到北京後，便畫了這幅〈起家〉。

　　畫面的強烈氣氛和情節處理，是詹建俊在現實體驗的基礎上創作的，為了畫好那個佔據畫面大半空間的帳篷的光影色彩和造型，他真的在校尉胡同中央美院陽光燦爛的空地上支起帳篷來觀察和寫生，當然他著意表現的還是帳篷的象徵意義和畫面的浪漫色彩。你看，狂風大作下捲起的帳篷，不正是一種將被墾荒者征服的惡劣環境的象徵嗎？與之形成對抗狀態的人們，寓示的恰是北大荒當下新生的建設力量。詹建俊大刀闊斧地表現式風格非常適合畫這樣亢奮緊張的畫作，也唯有這種力度，才能畫出一個英雄的歲月。

　　當時，環境艱苦，知識青年們也會窮樂，時不時還編些歌謠來唱，其中有一首是這樣的：「北大荒，真荒涼，又有兔子又有狼，就是沒有大姑娘。」這是當時北大荒的真實情況。後來很多知識女青年加入到了墾荒大軍中，使北大荒有了家庭，孩子，從此，北大荒形成了一個社會。這種朝氣蓬勃的新女性形象，我們可以在電影中見到，也可以在這幅〈起家〉中看到。

　　那是一個歌頌英雄、讚美勞動的年代，當時中國大陸青年人的理想、志願莫不與此相關。畫家畫畫、詩人寫詩也離不開這種情境。看了那個時代的畫，就想起那些已經遙遠了的樸素、勇敢的人們，一個戰天鬥地的時代氣概不禁令人懷想。〈起家〉是詹建俊的成名作，也是定格於二十世紀中國美術史冊中的紅色經典。它剛畫完的第二年即一九五八年就參加了「世界青年聯歡節」，還獲得了銀獎。

■ 起家
詹建俊　油畫　尺寸未詳　1957年　中央美術學院藏

49 — 1957〈冼星海在陝北〉

于長拱（Yu Chang-Gong 1930-1962）

　　一九五七年，由中國文化部與中央美術學院聯合舉辦的蘇聯畫家馬克西莫夫油畫訓練班畢業畫展開幕，期間展出了許多中華人民共和國很優秀的藝術巨構。畫展中幾乎每一張創作，後來都成了中國百年油畫的紅色經典，每一幅畫的創作過程都可以有一篇文章來專寫描述，每一張畫都可以讓人仔細品味與漫漫解讀，每一個畫面的內容也都包涵著一個時代中的動人故事。這就是現實主義藝術經久不衰的魅力所在和自身的藝術特長。正因為這樣，這屆學員和作品在中國油畫史上的地位舉足輕重。

　　雖然「馬訓班」畢業展上的作品都是現實主義中國的紅色經典，反映的也都是中國革命歷史的內容和社會主義建設中的勞動者，但卻是各具性格、各有追求的，並沒有作簡單的政治化表現。如秦征的〈家〉、王流秋的〈轉移〉、侯一民的〈地下工作者〉和于長拱的〈冼星海在陝北〉，甚至像諶北新的〈北京崇文門〉這樣的風景。每位學員的作品沒有一味的英雄主義、高歌猛進和歡樂笑語。也正因有如此個性，秦征、王流秋、馮法祀倒了霉，被劃了右派，理由當然是維護了江豐的藝術主張，然後隨江豐倒霉而聯繫上作品的低調和人道主義的描寫。

　　于長拱與反右運動沒有關係，順利過關。但他的〈冼星海在陝北〉在整個「馬訓班」的畢業作品中，卻是很特別、很小資的一種田園情調，像陝北民歌小曲一樣，彌漫著悠淡的人文傷感情緒。所要傳達的主題既不低調，也不高昂，他感興趣革命音樂家冼星海在陝北民間採風的故事，從中想表現出一種深層的人文情懷。陝北是音樂的寶庫，中國共產黨領導機關移至陝北以後，號召藝術家們深入民間，面向大眾，創造出通俗的、對抗日有利的藝術作品，於是，許多來自國統區的藝術家們共同掀起了一個針對民族藝術學習的採風運動。陝北民歌高亢滄桑，充滿著生命的頑強，一如它的土地一樣。冼星海一生中幾部重要的大型作品都完成於陝北時期，吸收了陝北民族音樂的養份。

　　于長拱四〇年末在國立杭州藝專念書時，就已是傾向於共產黨的積極分子，畢業留校後，由於根正苗紅，工作進步，得以選派到北京參加蘇聯專家馬克西莫夫油畫訓練班學習。畢業創作開始時，他不僅去了陝北體驗生活、收集素材，為了尋找合適的藝術形象，他還在中央美院附近的王府井大街上觀察尋找合適的模特兒，然後寫生完成。這是馬克西莫夫教給的創作方法，原則上就是為了防止概念化、簡單化。倘若單憑冼星海的照片來完成形象，是絕對畫不真實的。畫面中那位靠著土坎站著清唱小曲的婆姨，其形象的感人程度，絕不是在畫室裡可以杜撰出來的人物，這些真實、感人的形象都來自於生活的原型。

　　很可惜，這樣優秀的畫作只存下這麼一張，而且還歷經滄桑，保存不好。因為于長拱畢業回到浙江美術學院（今中國美術學院）後不久，在六〇年代初就自殺了。

冼星海在陝北
于長拱　油畫　尺寸未詳　1957年　中央美術學院藏

従

50 ─ **1958**〈鍛工闊利亞〉**郭紹綱**（Guo Shao-Gang 1932-）

　　從一九五五到一九五九年，中蘇友好的大背景，使中國政府分幾批向蘇聯派出了自己的美術家，前去留學和進修。這批人中有的在國內已是知名的畫家，有的則剛剛從學校畢業走上教學崗位，但不管成名、成就與否，都是受國家之托，到蘇聯老大哥那裡把他們先進的藝術成果和創作方法學回來。這一代人在後來的幾十年裡，的確不負眾望，將蘇聯的寫實技術和創作方法傳遍全中國，直接影響了中國油畫的技術進程和創作思想，像郭紹綱的這種以勞動者為主體的主題性寫生，即是從蘇聯帶回中國的教學思想或習作要求。

　　郭紹綱一九五三年畢業於中央美術學院繪畫系，分配到由胡一川主持的中南美專任教，一九五五年選派優秀中青年畫家赴蘇留學時，校長胡一川舉薦了郭紹綱。於是郭紹綱即與來自五湖四海的各路菁英去了蘇聯，入列賓美術學校學習。一九六〇年回到國內，這時的中南美專取消，另成立廣州美術學院，仍由胡一川主持，就這樣，郭紹綱到了廣州美術學院任教至今。

　　這幅〈鍛工闊利亞〉是一九五八年郭紹綱到列寧格勒造船廠實習時所作的一幅肖像寫生。後來還發表於蘇聯的《蘇中友好》雜誌上。由於是實地寫生，不可能有充足的時間讓你精雕細刻，必須抓住大的形體和刻劃主要形象。整幅畫除了臉部重點刻劃外，其餘的部分均為草草揮就，畫出氣氛即可，因而，畫面效果異常的自然生動。鍛工動態的安排堅定有力，卻又自然舒服，有工作時的真實狀態。這是過去中國油畫在寫生過程中不太講究的東西。因為過去的油畫寫生偏重於風景、靜物，忽略人物，或者即使有人物寫生，也多是取隨意或自然狀態的，這與蘇聯講究的主題人物寫生不同，但並列來講，二者的方法可說是各有利弊，但留蘇學生由此起步，能盡快地掌握住構圖與創作的門道，提高描繪人物能力的寫生方法和培養對勞動者的感情，卻是不能不承認的一面。

■鍛工闊利亞
郭紹鋼　油畫　59×79cm　1958年　畫家自藏

51—1959〈揚州古運河風景〉

許幸之（Xu Xin-Zhi 1904-1991）

　　許幸之早年是上海美專出身，曾留學日本，一九二五年畢業於東京美術學校西畫科。他的青年時代似乎一直以左翼文藝為伍，結識的盡是郭沫若、成仿吾、魯迅、夏衍、田漢、馮乃超、李初梨、聶耳等革命文藝家；參加的組織是時代美術社、左翼作家聯盟、左翼美術家聯盟和戲劇家聯盟等進步的社團；畫出的作品是〈失業者〉（1927年）、〈工人之家〉（1930年）、〈鋪路者〉（1934年）、〈逃荒者〉（１９３４年）等普羅思想的油畫；導演的電影是「風雲兒女」和「中國萬歲」等國防電影；所寫的歌曲是「鐵蹄下的歌女」等抗日的電影插曲。尤其值得指出的是，許幸之曾是中國左翼美術家聯盟第一任主席，那是一九三〇年的事，當時他二十六歲。另外，他參加過北伐，在郭沫若的總政治部宣傳科工作，與關良同事。「四・一二」國共兩黨破裂後，他在上海蹲過國民黨的監獄，那是一九二七年的事，當時他更小，只有二十三歲。

　　如此說來，許幸之可謂是地道的老左翼。他的倞子許晴也有相同的革命志向，抗日戰爭後投身新四軍，後來犧牲在戰場上。

　　但是，許幸之在一九三四年便離開了美術界，進入上海電影圈，這一做就是十幾年。現在中華人民共和國的國歌「義勇軍進行曲」就是出自他導演的電影「風雲兒女」中的主題歌。這期間，他也成了中國電影圈和戲劇界的風雲人物。出版過散文集《歸來》、詩集《詩歌時代》和劇本《阿Q正傳》。一九五四年由於年齡原因，才辭去一切電影界的職務，回歸到美術隊伍裡來，被安排在中央美術學院理論研究室和第三畫室任教（也就是著名的董希文工作室）。

　　二、三〇年代許幸之的油畫基調是灰暗的、消沉的，其立場是站在勞苦工人的一邊，用知識分子憐憫的眼光關照著他們的不幸。五、六〇年代的許幸之的油畫基調一改而為抒情的、歡快的，在湛藍的天空下，熱鬧的工地上和靜謐平和的鄉村裡，他筆下的人們煥發出來的是主人翁的神采。看了這些畫，你真的感受到在這片的土地上，到處都有溫暖的陽光。這絕對是許幸之內心真實的感受。

　　五、六〇年代許幸之最引人注目的是新工業題材的油畫，這在當時是非常新穎又有強烈時代感的油畫圖像。許幸之的另一類圖像，事實上也是很動人、很有新意的，那就是恬淡、溫和的農村小景，有勞動的，有風光的，總之有許幸之獨特的個人味道，非常地與眾不同。也許是許幸之在電影、戲劇界裡呆過十幾年，加之在三畫室與董希文共事，對形式和固有色的整體感有相同的藝術追求，因而，許幸之的油畫總是追求和表現固有色或大色調的和諧關係，傾向於中國民族藝術的意味，畫面情境頗有舞台美術的形式感；用筆輕盈純淨，沒那麼多複雜的講究，一片溫文爾雅、沖淡詳和的心態溢於畫面。

揚州古運河風景

許幸之　油畫　44.5×60cm　1959年　家屬自藏

52－1960〈劉少奇同志和安源礦工〉

侯一民（Hou Yi-Min 1930-）

一九四八年就讀北平國立藝專的侯一民，是中共地下黨的幹部，參加過反內戰、反迫害的學生示威活動和護校拒遷的鬥爭。畢業後留校任教，一九五五年進了蘇聯專家馬克西莫夫油畫訓練班。這種經歷和思想，在五、六〇年代中國美術普遍政治化的強勢環境裡，他的藝術追求可以說與時代的取向得到了合理的吻合。他自己說，在創作上，他喜歡龐大的氣勢和深沉的內在力量，著意表現自己經歷過並為之激動的人民革命（１９８６年《侯一民、鄧澍美術作品選》）。的確如此，自五〇年代以來，他相繼創作了震撼人心的、有深沉美學品格的〈跨越鴨涤江〉（1951年）、〈地下工作者〉（1957年）和這幅〈劉少奇同志和安源礦工〉（１９６０年），直到「文革」中被打倒和批鬥。

五、六〇年代的中國大陸，中國文藝是一個非常意識形態化的年代，革命歷史題材在人民中有著強大的感染力，文藝家們努力學習中國革命史，著力表現艱苦卓絕的革命鬥爭故事和人物事蹟，成了文藝家們自覺、光榮的政治態度，電影、文學、美術莫不如此。

一九二二年秋天，劉少奇和李立三直接組織的湖南安源煤礦工人大罷工，是二〇年代中國勞工運動中影響非常大的一次事件，當時獲勝後的安源煤礦工人，成立了自己的工人俱樂部、閱覽室、合作社和工人議事會，有百分之六十的工人入會，還設立了勞工們自己的紅色節日，除五一國際勞動節之外，連十月革命、列寧和李卜克內西的生日都當成了工人們的紀念節日，這在中國勞工運動中自然就是一面領頭的大旗。

劉少奇是中國工人運動的專家，也曾是中國共產黨在白區鬥爭中的主要領導人，中華人民共和國成立後又當選為國家主席。於是，在革命歷史畫創作的熱潮中，剛從馬克西莫夫油訓班畢業不久的侯一民，選取了劉少奇與安源罷工這一題材來進行構思和創作，非常合乎當時的政治要求和藝術創作的思想境界。這之中雖說有意識形態化的政治考量在內，但這幅畫，以及當時的很多「紅色經典」，並沒有使之簡單的口號化和歷史圖解化，而是畫得有血有肉、有真實的歷史感和充滿藝術匠心的。這的確是一個時代特有的藝術經驗，後來的很多革命歷史畫再也顯現不了這份真實的藝術經驗。

畫中，作者表現的是劉少奇與礦工們從礦井裡湧出來，走向談判途中的一幕。人物的群勢狀態採用了扇形的橫向構圖，突出了反抗和潮湧般的大勢，人物的塑造和刻劃著意於典型、真實的形象力量，作者的創作自述裡也有這樣的交待：「對左邊一組人物的刻劃，想強調礦工內在的仇恨；右邊一組人物，則強調暴發出來的衝擊之勢；中心一組人物，強調表現堅定的領導核心和朝氣勃勃的革命青年一代的新生力量。」（《美術》１９６１年第４期）這就是從蘇聯現實主義創作方法中學來的處理畫面情節、講究人物關係的美學要求。實際上也可看作是藝術通俗化的另一個更高層面的創作要求，其目的就是要讓畫面有歷史情節，人物有性格，然後最終讓觀者進入到人們所理解的歷史情境中去。

■ 劉少奇同志和安源礦工

侯一民　油畫　160×322cm　1960年　中國革命博物館藏

53—1960〈躺著的裸女與貓〉常玉（Chang Yu 1900-1966）

　　經過五〇年代的蘇式寫實之路，中國油畫的現實主義體系已相當穩固，幾乎沒有人懷疑在中國大陸會出現形式結構的美術之風，或允許變形、抽象的造型手法在社會主義中國登陸。像吳大羽這樣堅持己見的畫家，幾乎已被逐出了畫壇，像龐薰琹、陽太陽等曾走過現代主義之路的畫家都急著改「邪」歸正，其餘的更不用說能有多少的前衛。倘若這時期要看到中國油畫家的非寫實面貌，只有把目光投向遠在法國的常玉、潘玉良、趙無極等人了。

　　常玉是四川人，出國很早，一九一八年便去了日本，時年才十八歲。兩年後轉赴法國，以他不受拘束的性格而論，他自然是不會選擇進入巴黎高等美術學校的研習之路，而是進入了一個叫「大茅屋人體素描工作室」的地方學習。一九二八年曾一度回過上海，但時間不長，只待了一年便又返回巴黎。這一去，就再也沒有踏回中國，直至一九六六年病逝巴黎。

　　常玉天生的適應法國的生活，他在無拘無束浪漫的生活方式和繪畫方面的許多夢想，在巴黎都可以得到實現。尤其是二次世界大戰前的常玉，完全是一個藝術生活化的才子，極盡享受時尚之能事，坐咖啡館、出入舞會、打網球、玩攝影、拉中國二胡和抽中國水煙……樣樣高手。相反，畫畫融入其中，並不專門花太多時間，這點，與苦寒中用功的徐悲鴻有很大的區別。當然，常玉在中國的家庭有豐厚的經濟來源，使他能在巴黎養尊處優，根本用不著急於回國去謀個一官半職。有這樣的生活環境和文化條件，常玉早就建立了為藝術而藝術的作畫理念，傾向於馬諦斯、莫迪利亞尼等雅士風格的巴黎畫風，作品充滿著優雅、閑適、幻想的美感。

　　這幅畫於一九六〇年的作品，是常玉晚年的主題。而此時的常玉已落魄多年，經濟狀況也大不如前，昔日可觀的市場價位也沒有了。然而，即便這樣，風流倜儻的常玉仍生活在充滿幻想的精神世界中，喜歡作美女、花貓來抒發自己老來也不知愁滋味的個性情趣。常玉的畫喜勾粗黑的線，塗微暖微亮的顏色，或是採用輕塗漫掃的色層來烘染情調，完全白領或知識階層的欣賞風采。在巴黎時，他與徐悲鴻、蔣碧微、郭有守、徐志摩、張道藩、潘玉良等人均是要好的朋友。徐悲鴻回國後在藝術上回歸了傳統的文人畫，邁入了傳統水墨畫的歸程。常玉恰恰相反，他在國外，是從傳統的文人畫格出發，踏入了巴黎現代藝術的藝途，所以他的畫充滿了洋人的現代派頭，卻隱含著濃郁的東方韻味。

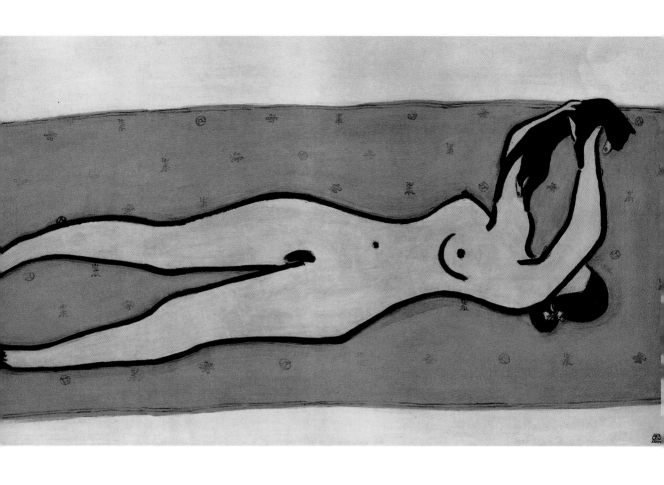

■ 躺著的裸女與貓
常玉 油畫 73×131cm 1960年

54－1961〈秋晴〉 **倪貽德**（Ni Yi-De 1901-1970）

　　倪貽德是三〇年代中國現代派藝術運動的主將，參加過決瀾社和創造社，寫小說迷倒過不少都市男女，畫畫也給中國現代藝術點燃了光亮。那篇狂激突進的決瀾社宣言就出自他的文筆，另外還寫過幾本鼓吹現代藝術理論的書籍，啟蒙過很多熱愛藝術的人。

　　抗日戰爭爆發後，倪貽德的現代藝術之夢遂告破滅，其思想也逐漸左傾，在重慶與中國共產黨人過從甚密，成了國立杭州藝專有名的左派教授，一九四七年還為此被學校當局開除。沒過幾年，中國共產黨取得大陸政權，倪貽德竟然穿著軍裝作為軍管會代表，接管了國立杭州藝專。

　　然而，參加革命後的倪貽德並沒有像他的決瀾社朋友龐薰琹和陽太陽那樣，完全改變自己的現代主義的作畫方式，從而在行為和藝術追求上與舊我劃清界線（盡管這樣仍未逃過「反右」和「文革」的厄運），至始至終保持了他的硬派爽脆的現代畫風，與蘇聯在中國的主流畫風拉開距離。他三〇年代的老朋友，後來移居香港的葉靈鳳在一九六二年的《美術》雜誌上看到這幅〈秋晴〉時，懷舊之情油然而生，寫了散文「老朋友倪貽德」，記敘欣賞了這幅畫的由來，以示抒懷。在這篇文章中，他寫道：「對著這幅〈秋晴〉，對我來說，簡直是『如對故人』，畫風仍是同從前差不多，可是筆觸顯得更加老練有力，粗枝大葉，別人要用幾筆才表現得出的，他一筆就達到了。在概括之中又能照顧到細處，這就看出他的功力了。而這一切表現得恰好是一個晴光柔和的秋天，一點也沒有暮氣」。老友，終究是老友，就這句「粗枝大葉……」的短評，便將倪貽德油畫的特點概括到家了。

　　倪貽德是寫生高手，尤其喜歡風景寫生，為此，在三〇年代寫過《畫人行腳》一書，在青年中有廣泛影響。不論人物和風景，他都喜歡在對象面前一揮而就。因而造型、色彩都是概括、生動的，筆觸爽脆俐落，絕不拖泥帶水。在西方現代的若干畫家中，倪貽德心儀塞尚、德朗和烏拉曼克這些作風強烈、講究結構之美的前輩。

　　畫〈秋晴〉時的倪貽德，離文革開始還有幾年，這期間，他在上上下下都受到相當的尊重，正在杭州美術學院主持自己的工作室，整個心情是愉快的，因而在無錫畫的這幅風景寫生保持了倪貽德一貫的寫生作風，而且還平添了一種老辣之氣。畫面的詩意情調是倪貽德這樣寫過小說的文人油畫家才能具有的東西，而不是隨便什麼人對景寫生就可得到的感覺。葉靈鳳說的「功力」大概指的即是這些因素。

　　文革開始後，倪貽德被揪鬥，受盡皮肉之苦，身心受到極度摧殘，病危期間常因往事夢醒，嘴裡夢囈的都是「我在武漢嗎？」，「我在重慶嗎？」之類的話，讓人聽了心酸。是啊，一九三八年的武漢和四〇年代的重慶，倪貽德是何等的意氣風發和充滿豪情，又是何等的風光耀眼、受人尊敬。就看他接管國立杭州藝專時的那種英俊、堅定的神態，就知道他是春風得意的人。然而，今天怎麼就成了有歷史問題的反動知識分子了呢？他帶著這個疑問和慘澹的回憶，在一九七〇年走到了生命的盡頭。

▌秋晴

倪貽德　油畫　37.5×46cm　1961年　中國美術學院藏

55 — 1962〈四個姑娘〉 溫葆（Wen Bao 1938- ）

　　毛澤東有句名言：婦女能頂半邊天。毛澤東執政後的中國大陸，中國婦女的確獲得了空前的解放，中國第一代女飛行員、中國第一代女火車司機、中國第一代女拖拉機手，都出現在一九四九年後的中國。在各條建設戰線上，到處都可見到婦女們在社會中的活躍身影。這種風尚在當時的各種文藝創作中就有很真實的表現，如電影「李雙雙」、「我們村裡的年輕人」、「朝陽溝」等即是。

　　繪畫作品中所呈現的也是這樣，勞動婦女的容貌沒少凝固在一大批生氣勃勃的紅色經典之中。這些作品中的女性形象早已不是昔日三〇年代王悅之、李毅士、衛天霖、徐悲鴻筆下的閨閣模樣，而是青春煥發、健康活潑的勞動者。光是六〇年代初就產生了王霞的〈海島姑娘〉、崔振國的〈翻身姐妹〉、王文彬的〈夯歌〉、宋賢珍的〈她們在成長〉和溫葆的〈四個姑娘〉等一批表現時代勞動女性風采的作品。

　　事實上，從一九五九到一九六一年是中華人民共和國首次面臨的三年困難時期，中蘇結束了彼此間長達十幾年的親密關係，為此，蘇聯撤走援助項目、資金、專家，催還債務，中國境內糧食又鬧災荒。然而，正是在這個艱難困苦的六〇年代初期，卻見出了一個民族自力更生的堅強性格。勞動無疑成了當時所有藝術作品中的頭號主題。現在看到的許多那個年代裡創作的藝術作品中，女性歡快有力的勞動形象，完全是藝術家們源自生活的真實感受，是社會建設中的主流人生。就連一九六二年頒發的第一屆電影百花獎最佳故事片獎和女主角獎都頒給了「紅色娘子軍」和吳瓊花的扮演者祝希娟。正是這些在藝術作品中反復出現的女性勞動者的形象和場面，給困難時期人們的精神家園吹來了一股清新明快的鄉土之風，掃盡女性艷俗、陰柔的脂粉氣息。

　　溫葆畫的〈四個姑娘〉是她在中央美術學院二畫室的畢業作品。由於是女學生，故而在選取表現畫面時，沒有去畫戰天鬥地的勞動場景，而是以四個回鄉知識青年（指由縣城初中或高中畢業後回到家鄉務農的青年）為肖像主角，表現她們在勞動歇憩時與對面的同伴說調皮話的瞬間情景，將四個回鄉青年女性的不同性格、動態刻畫得入木三分、自然貼切，充滿著健康的情調。

　　若用時下人們對女性的判斷，這四位姑娘都不算漂亮，但與之相對，你不得不承認，她們的歡樂、健康、氣質，有一種積極向上的精神之美和一種樸素的勞動之美，有一種讓你無法回避的很強的藝術感染力。這些，在當今的流行照片中永遠都不會得到。

　　這件作品一露面，即得到社會廣泛的好評，被認為是在社會主義現實主義創作方法指導下的優秀成果，和較好體現了二畫室蘇式教育特色的典型作品。溫葆也因這幅畫一舉成名。

▌四個姑娘
溫葆　油畫　100×202cm　1962年　中國美術館藏

50 — 1963〈金色的季節〉朱乃正（Zhu Nai-Zheng 1935-）

　　一九六四年在北京舉辦了一個規模盛大的「全國公社風光畫展」，專門反映和歌頌社會主義農村的新人新事新氣象。這個畫展上廣受人們矚目的，是一幅送自青海省文聯的〈金色的季節〉，作者為朱乃正。

　　雖然作品送自邊陲省份，但作者朱乃正，北京美術界都熟悉。因為他原本畢業於中央美術學院油畫系，是出名的才俊，還是一九五七年被劃定的學生「右派」，與他同時當「小右」的還有後來創作首都機場壁畫〈生命的贊歌——潑水節〉的袁運生。二位才俊被劃右派後，朱乃正放逐青海，袁運生離京去了東北，這一去，就是二十餘年。

　　朱乃正去青海後，沒幾年就摘掉了右派帽子。青海美麗遼闊的自然風光和民族風情，給他提供了一個全新的藝術視野。逆境下的豁達可以拯救一個人的生命，激活一個人消沉的意志，何況藝術呢？在貶謫青海的二十一年裡，西域的藍天、土地、風物完全激活了朱乃正原本就很優秀的藝術因子，長期來令他保持了一種持續不斷的作畫衝動。不論是寫生，還是創作，朱乃正的成名和成就都可以說是開始於青海時期，其中成名作就是這幅〈金色的季節〉，之後又有一九七二年的〈新曼巴〉。朱乃正在後來他寫的「乃正從藝自敘」中說：「余本屬南人北遷，身上雖留南人氣質，卻喜高曠放遠之境。青海高原雄渾莽宕，氣象超拔，藏漢蒙回土諸多民族千百年來聚居此地，民風古樸，竟與余心性暗合」。這段話的確是上述實情。

　　一九六三年就整個中國大地而言，三年自然災害剛剛過去，蘇聯逼還債務也給中國經濟帶來空前的困難。但是就是在這樣的背景下，全中國上下卻迎來了一個空前的英雄年代，東北的大慶、山西的大寨、河南的紅旗渠、河北的沙石峪、山東的下丁家……等許多勞動史上的人間奇蹟，都產生在這個艱苦的年代。勞動、奮鬥成了藝術家們看到的最普遍又最光芒四射的社會景象。朱乃正在這一年，不光畫了〈金色的季節〉，還畫了〈五月星光下〉，兩幅作品均是以歡快、爽朗的情緒為基調，都是以仰視、飽滿的構圖為形式，又都是以健壯、高大的人物為主體，僅此一例，足可見出朱乃正被一個新的視域激活，從消沉中走出來，而顯示出的健康向上的創作用意和心態。

　　朱乃正生性浪漫多感，有詩人氣質，作畫一向舒展清脆，大氣磅礴，著意抒情風尚的表現。在這幅成名作中線面的輕巧結合，素描與色彩的互為補益，凝重與明快的相得益彰，都使〈金色的季節〉有了一種融鑄時代形象的精神風采。

金色的季節油畫

朱乃正　100×202cm　1963年　中國美術館藏

57—1964〈大慶人〉馬常利（Ma Chang-Li 1931-）

　　大慶，原本是東北松遼平原上一個沒沒無聞的地名，只因一九五九年下旬在這裡發現了大量的石油，並在一九六〇年進行開採而聞名全中國，於是，大慶油田和艱苦奮鬥的大慶石油工人，幾乎成了六〇年代中國人民自力更生、擺脫貧困的一面旗幟。因為這時的中國既沒有得到大多數西方國家的承認，又與蘇聯交惡，來自蘇聯的外援頃刻間完全斷絕，使工業建設一下子遇到了空前的困難。這對一個正在進行工業進程的國家來說，大慶石油的發現無疑是天大的喜訊。難怪毛澤東在看到北京街頭跑著的公共汽車都背著一個碩大的煤氣包時，曾不無感慨地說：「天上飛的，地上跑的，沒有石油都轉不動啊。」

　　然而，一九六〇年的大慶石油會戰，完全是在非常落後的機械設備條件下和冰天雪地的惡劣氣候環境中進行的，因此，拍攝這些艱苦創業的大慶人的紀錄片，在放映以後成了人們精神上最大的感動，當然，各種謳歌也隨之而來，就這樣表現大慶石油工人豪邁氣慨的文藝作品延綿不斷。

　　這幅出於當時中央美術學院講師馬常利之手的〈大慶人〉，即是其中很有代表性的一件油畫作品。馬常利一九五三年畢業於中央美術學院，現在仍執教於中央美術學院二畫室，還一度擔任過油畫系副主任。

　　雖然，六〇年代中蘇兩國在政治上已不再往來，但文藝上，蘇聯對中國的影響卻沒有因中蘇交惡而中止，相反，蘇聯的影響仍發揮著正面的積極的作用。〈大慶人〉的灰色調處理和艱苦氣氛的表現，以及畫中人物透出的堅實的造型能力，無不是蘇聯體系訓練而成的結果。然而，也正是這一年，全中國轟轟烈烈的「社教」運動開始了，極左思潮山雨欲來，一年後，殘酷的「文革」便席捲全中國，包括〈大慶人〉在內的許多剛露出創作好苗頭的現實主義創作方法被沖走了樣，「紅、光、亮」、「高、大、全」的虛假時代粉墨登場。

　　漫天飛雪，冰天凍地，這種環境下卻又是井架林立、蒸氣噴薄；油黑的大慶人迎風傲雪，烘托出一派熱氣騰騰的建設景象。這種一冷一熱的對比使畫面頓生一種英雄主義的氣慨和真實的悲壯感。

畫面灰暗凝重的色調和天高人小的構圖，也為氣候環境的渲染而提供了相應的表現空間；試想，人物畫成了頂天立地的高、大、全模樣，那麼一個具體可感的氣候環境便沒有了氛圍。從這點講，現實主義創作方法自有它的長處。

▌大慶人

馬常利　油畫　192×231cm　1964年　自藏

58 — 1965〈杏花雨〉**鐵揚**（Tie Yang 1935-）

　　這是災難的十年「文革」的前夜，社會主義中國的前進步伐已走入以階級鬥爭為綱領的誤區，政治運動接二連三地形成了。這一年吳晗的「海瑞罷官」遭到壓倒性的全面批判，由此，開了在文藝作品中揪毒草的壞頭，許多過去被認定為優秀的文藝作品紛紛落馬，成為被批判的對象，作者也因此被政治發落或更嚴重的遭難。

　　面對這種急轉直下的情況，許多畫家難以一下子適應，於是縮手擱筆，人人自危，趕忙緊跟著去參與政治運動，大家都已無心畫畫。當然，其中也有不少長者被打倒，根本就沒有資格參加運動了。所以在二千年舉辦的大型「20世紀中國油畫展」上就尋不到一九六五年到一九七一年之間的代表性作品，若要有，恐怕也只有革命小將和知青畫家的作品，或更少的一些專業教員、畫家的工農兵寫生或畫於鄉下的風景小品。這幅〈杏花雨〉即是這樣的零散之作的遺珍之一。

　　鐵揚，一九六○年畢業於中央戲劇學院舞台美術系，在學校期間，每個星期的戶外風景寫生是他及舞美專業學生的必修課。因而長期下來，練就了一手畫風景的技能，也養成了一種親近自然風景的生命習性。

　　鐵揚在學校和畢業後的幾年，多半畫小幅的油畫風景寫生，「文革」中像大多數畫家一樣幾乎停止了作畫，直到「文革」後期，才有機會在下鄉勞動中恢復了自己熱愛的風景之路，不同昔日的是油畫不畫了，改畫了水粉畫，鐵揚也由此成了一個有名的水粉畫家。八○年代，中國水粉畫家中鐵揚算是一個受人矚目的人物。

　　鐵揚出身舞美系統，其作畫特點與美院系統稍有不同，一般說，舞美專業慣於要求大的色彩關係，尤其是調子，用筆粗枝大葉，不拘小節，豪放潑辣，色彩往往主觀誇張，淡化素描的要求，有明顯的舞台唯美的趣味。鐵揚畫這幅〈杏花雨〉，實際上只是以鋪出大的色彩關係為要求，畫出杏花飄飛的粉綠的印象即可，並無作進一步刻畫的打算。

▍杏花雨

鐵揚　油畫　23×18cm　1965年　畫家自藏

59—1966〈周菱像〉劉秉江（Liu Bing-Jiang 1937-）

　　五、六〇年代的中國，夫妻分處兩地，是常有的事，黨叫上哪就上哪，一切聽從組織的分配，容不得個人有什麼超乎組織意願的要求，以至給後人們在後來的歲月裏有了一個永世相隨的回眸，以及含藏其中的片片點滴深情。

　　文革中，吳冠中與妻子由於單位的不同而分屬在不同的農村勞動，兩地相隔十餘華里，在星期天才可以相互走動探望，而且當天看望當天離去，於是就有了無數次的送別。後來吳先生在一篇散文裏，將他常常送妻子回駐地路經的那個小農院稱為他們當時的十里長亭。此情此景在今天人們的想像中仍是那麼感人。

　　一九六六年，文革開始，中央民族學院藝術系的教師劉秉江，也受到了排擠和衝擊，新婚妻子周菱為此早先一年被分配去了邊區雲南。那是她剛從中央民族學院藝術系畢業不久，而劉秉江卻已做了四年的教員。好好的一對鴛鴦經這一陣棒打，就是八年的分離。一對愛人，一個家庭，就在這舉國上下的離亂中相互地遙望著。吳冠中對他的「十里長亭」深有感懷，因而在回京時特意去那裏畫了一張寫生，以資懷念。劉秉江與周菱，沒有十里長亭，他們畢竟相隔萬里，但終究還是有相聚的記錄。那是這一年的年底，周菱隨著紅衛兵大串聯的潮流回了一趟北京，而且還是假借串聯之名才得了分別一年後的一次短暫的團圓，於是，劉秉江為周菱畫了這張極其平凡卻很有情感寄寓的寫生畫。

　　畢業於中央美術學院董希文工作室的劉秉江對待這張寫生，態度相當虔誠，畫法上慢條斯理，似怕畫跑了形，又似在體味一種淡淡的愁情。整個畫面是一種素雅的情調，惟有那個紅色的脖套與小白花襖，顯出了女主角愛美的天性。然而那雙青春漂亮的眼睛卻帶著那個年代揮之不去的憂鬱。

　　現在的劉秉江和周菱都成了中國的名畫家，在繪畫上取得了很好的成績。這張樸素無華的小畫至今還完好地保存著，沒有損壞，也沒有賣掉。對他們而言，說大了，是一個時代的真實圖像，說小了，則是那個荒唐年代裏他們自己的青春故事。

周菱像

劉秉江　油畫　尺寸不詳　1966 年　自藏

60 — 1967〈毛主席去安源〉

集體創作(劉春華執筆)(Co-work by collective Inspiration, painted by Liu Chun-Hua)

　　這張畫在大陸文革時期幾乎家喻戶曉,連不通電燈的山村人家都能買到這幅畫的印刷品,恭敬地貼於牆上;城市、縣鎮就更不用說,那時候遊行隊伍裡人人高舉的是這幅畫的印刷招貼牌,居民家的牆上和鏡框裡掛的也是這幅畫,以這幅畫為版本刻成的木刻和繡成的布藝品更是不計其數,它們在那個造神運動登峰造極的年代裡,共同裝點著百姓們單調的精神園圃。

　　事實上,有關一九二二年安源路礦工人大罷工題材的油畫,前後一共有過三張。第一張是一九六○年由中央美術學院教師侯一民創作的〈劉少奇與安源礦工〉,第二張便是這幅由劉春華執筆的〈毛主席去安源〉,再一張則是侯一民為「將功補過」而在一九七五年重新以毛澤東的安源事跡畫成的〈毛主席與安源工人在一起〉。

　　現在看來,第一張畫作最具藝術生命力,是真正意義上的現實主義的經典作品。它那開闊、具有洪流一般力量的衝擊性場面和真實感人的形象,至今仍是中國革命歷史畫中最有藝術深度、最有匠心的表現之一。然而,從一九六六年文化大革命一開始,劉少奇被揪鬥,一張毛澤東的〈炮打司令部〉大字報的出台,便將劉少奇推到了革命人民的對立面。一九六八年被中共中央定性為「叛徒、內奸、工賊」而永遠開除出黨,放逐河南開封,一九六九年在那裡含冤去世。由於這個原因,侯一民被認為是替劉少奇歌功頌德的人,其作品也被認為是替劉少奇歌功頌德之作,於是除了將侯一民治罪和將作品打入冷宮之外,為了「改正」歷史,一九六七年北京市工代會、中國革命歷史博物館等幾家單位另請了中央工藝美術學院大四的學生劉春華畫了這幅〈毛主席去安源〉,以用在「毛澤東思想的光輝照亮了安源工人運動」的展覽上。

　　這幅畫是以毛澤東一九二一年去江西萍鄉安源煤礦訪貧問苦、策動勞工運動為背景的,據史料說,從一九二一到二三年,毛澤東曾四次去過安源煤礦,建立了共產黨領導下的工人俱樂部。但具體操作安源路礦大罷工的是劉少奇和李立三、蔣先雲。那個年頭,歷史是可以隨著意識形態的需要而隨意更改的。董希文的〈開國大典〉開了先例,侯一民在文革中為了自己的作品吃了很大的苦頭,待熬到緊張氣候稍為鬆動的一九七五年時,為了更正自己的「錯誤」,主動又畫了一幅表現安源勞工鬥爭的油畫,可是這一回畫中的主人形象和故事已改成了毛澤東在低矮的工棚裡給工人們講革命真理了。

　　〈毛主席去安源〉是文革極左的創作方法教導下的直接產物,是典型的文革樣板畫。在作者的塑造下,毛澤東像個獨行俠,高大的身影立於畫面中央,表情肅穆,目光炯炯,闊步向觀眾走來。難怪這幅畫的複製品一九六九年在梵諦岡展出時,標題被譯成了〈年輕的中國傳教士〉,寫《毛澤東傳》的美國人R・特里爾,也在書中說穿著高貴長衫的毛澤東,看上去像一位牧師,給蠻荒之地帶來了真理。

■ 毛主席去安源
集體創作（劉春華執筆） 油畫 1967 年 藏地不詳

61 — 1968〈毛主席在井岡山〉

劉春華、王暉（Liu Chun-Hua 1944-, Wang Hui 1943-）

　　一九六七年劉春華畫〈毛主席去安源〉，一炮打響，少年得志；一時間一張畫紅遍大陸，走進千家萬戶。一九六八年這位中央工藝美院井岡山兵團的紅衛兵又再接再厲，與同學王暉合畫了這幅〈毛主席在井岡山〉，作為〈毛主席去安源〉的姊妹篇。但由於這張畫的政治意義沒有第一幅大（如確定了毛澤東去安源的正確性，並以此證明歌頌劉少奇領導安源工人罷工是蓄意篡改黨史），又不是中央有關部門的「欽定」之作，因而它的整套創作方法和意圖雖然與〈毛主席去安源〉大致相符，也著意表現了毛主席的早年革命活動，歌頌毛澤東的豐功偉績，但影響明顯沒有〈毛主席去安源〉那樣紅。盡管這樣，畫中的毛澤東仍是那付被神聖化了的英雄狀。周圍沒有一兵一卒，但好似胸中有雄兵百萬，他那身軀與羅霄山脈連成了一片紅色的世界。

　　一九六一年剛從蘇聯進修回來的羅工柳畫過一幅〈毛澤東同志在井岡山上〉，真實地表現了毛澤東在嚴酷的游擊戰爭環境下的精神狀態和詩人氣質，長期來一直被認為是歷史題材油畫的範例。但「文革」中羅工柳被打倒，這幅畫也隨之被打入冷宮，不能提及，於是在「文革」中便有了重畫的必要。當然，「文革」中毛主席在一大建黨會上、毛主席去安源、毛主席在井岡山、毛主席在延安棗園等都是美術工作者在創作中很容易發揮的題材。遺憾的是這一年，兩個缺乏專業油畫訓練的毛頭青年，按照概念的創作模式畫出了一幅粗糙、虛假的毛澤東形象和與嚴肅的歷史畫要求相距甚遠的作品，令面對這一段歷史的後人感到尷尬。這種違背藝術創作規律，不顧及藝術的技術尊嚴的事，確實發生在中國的十年「文革」當中，留下了一些令人啼笑皆非的，又代表著時代美術主流的作品，最終成為了人們回顧歷史時無法回避的一段過程，而讓藝術史研究者必須痛苦地去面對。

　　也許當時的人們由於對毛主席的無限崇敬，而覺得過去革命歷史畫中的毛澤東形象不夠氣宇軒昂，色彩也過於灰暗，不夠通紅明亮，因而還是喜歡看現在這樣的頗似宣傳畫意味的革命歷史畫，於此才造就了一大批模式化的樣板性創作，從而構成了「文革」美術（尤其是中期）的一種獨特現象，讓後來的人們跌破眼鏡。

▌毛主席在井岡山

劉春華、王暉　油畫　尺寸不詳　1968 年　（已佚）

62 — 1969〈胸懷朝陽何所懼，敢將青春獻人民〉

劉柏榮（Liu Bo-Rong 1952- ）

　　這是一個熱情大於理性的時代，說政治化意識完全改變了美術作品的審美功能，而成為意識形態的宣傳工具。在這個大前提下宣傳好人好事，歌頌新生事物的各種文藝形式遍布社會的每一個角落，人們對藝術的指標已非常淡漠，之所以要看畫，主要是尋找行為的榜樣和全中國形式一片大好的景象。於是，文藝的通俗性大行其道，業餘畫家迅速成長。

　　在這支業餘畫家隊伍中，知青畫家倍受矚目，也已算是社會中的一件新生事物。六○年代末到七○年代初，知青畫家成為美術創作中一個不可忽視的族群，劉柏榮、沈嘉蔚、趙曉沫、張達平、張兆鑫、何紹教、李斌等人，很快成為插隊知青中受人羨慕的人才。當然，插隊知識青年題材的作品也迅速遍及中國。

　　有人統計過，從一九六八至一九七五年，中國大陸上響應毛主席號召，到農村、農場插隊，接受貧下中農再教育的城市知識青年約有一千萬人，這麼大的一個群勢，輿論宣傳的積極介入勢在必行。這樣知青在廣闊天地中鍛煉的新生活、新形象大量出現於美術作品之中。由劉柏榮創作的這幅〈胸懷朝陽何所懼，敢將青春獻人民〉即是當時感動過很多人，張貼於各種公共場所的一幅油畫。這麼一個口號式的長畫題下還有一條更長的副標題，「向『一不怕苦二不怕死』的上海市黃山茶林場十一位知識青年學習」。一看便知作者受政治宣傳畫的影響很重，這在當時是非常流行的美術創作的格調。

　　劉柏榮是上海知青，一九六八年到江西農村插隊落戶，時年十六歲。一九六九年他在《解放日報》上看到了上海市黃山茶林場的十一位知識青年，在一次山洪中為搶救國家財產，與洪水搏鬥直至犧牲的感人報導後，與另一位業餘作者合作畫了這幅畫。這幅圖共畫了兩回，頭一幅是水粉，被印成幾十萬份的單頁畫，發售到社會上去張貼，後一張是油畫，參加了一九七二年的全國美術作品展。無獨有偶，這一年上海知青金訓華在黑龍江遜克縣農村的一次洪流中，也是為搶救國家財產（一根電線桿）犧牲了，全中國又掀起了學習英雄金訓華的熱潮，宣傳畫又貼滿了舉國上下的機關、學校、家庭……

　　知青繪畫，毫無疑問地存在著技術不到家的問題，那個年代美術作品中形象概念化、口號式的毛病更是顯而易見，尤其是表現英雄的畫面，更是亢奮張揚，形象誇張。然而，這畢竟是一九六九年武裝硝煙剛過的第一年，美術創作的態勢完全沒有恢復，能有情緒畫畫的也只有這些插隊知識青年了。對此，還能苛求什麼呢？

▍胸懷朝陽何所懼，敢將青春獻人民

劉柏榮　油畫　尺寸不詳　1969年　（已佚）

63－1970〈提高警惕，保衛祖國〉

關琦銘（Guan Qi-Ming 生卒未詳）

　　一九六九年三月二日長期存在的中蘇邊界爭端，終於釀成了局部的武裝衝突，中國與蘇聯軍隊在東北烏蘇里江珍寶島上爆發小型戰爭。戰爭持續了十幾天，中國政府和人民為此進行了聲勢浩大的聲援活動，文藝家在這片舉國上下的聲援聲浪中，當然是重要的一支輿論力量。僅半年時間，有關珍寶島戰事的專題美術展覽在「文革」的年代中激起了美術工作者們空前的創作熱情，其中有兩幅宣傳畫可謂家喻戶曉。一幅是何孔德的水粉畫〈生命不息，衝鋒不止〉，另一幅即是這張由關琦銘創作的油畫〈提高警惕，保衛祖國〉。

　　事實上，這幅畫原本創作於一九六九年底，但在一九七〇年北京舉辦的珍寶島自衛反擊戰事蹟展覽中，江青認為該畫背景的紅色應改為藍天白雲為好，於是畫家「遵旨」趕忙改成了現在的這個色調，然後由一九七〇年第六期的《解放軍畫報》發表。經過江青的「欽定」指點，又是重大題材，這幅畫被印成了成萬上億的畫片發售全中國，各省市的美術工作者，都有任務競相臨摹，然後在街道、會場中張貼懸掛。

　　從構圖看，這顯然是一張宣傳畫。中國的專業畫家經過蘇聯寫實造型體系的訓練，塑造人物的形象、結構已不成特別困難的問題，有問題的是當時文藝氣氛中一些約定俗成的概念化要求，違背了藝術創作中崇尚個性、真實的藝術規律，使美術作品形象雷同，千人一面。你看，戰士胸佩毛主席像章，女民兵手持紅寶書——毛主席語錄，然後相互並靠，站在國境線上，怒目遠方，好似銅牆鐵壁一般……；對畫中人物形象、動態的選擇也有既定的思想性和內容指向，以至當時的很多談創作的文章中，作者都要花費大段文字來對畫中人物的動態、形象之所以如此而為，做許多革命性的說明。當時一篇署名「中國人民革命軍事博物館美術組」的文章是這樣解釋這幅畫中的三個人物的：這是從千千萬萬英雄邊防軍隊集中起來的典型英雄群像，表達出中國人民「早已森嚴壁壘，更加眾志成城」，一切來犯之敵都逃脫不了覆滅下場的堅定信念。

　　由於六、七〇年代，中國面臨嚴竣的國際環境，「深挖洞、廣積糧、不稱霸」的號召已貫徹到八億人民的具體行為之中，加之「文革」反藝術的創作模式，導致了該時期美術作品中男女形象的嚴重異化，人人臉上毫無柔情可言，颯爽英姿和五尺大男都是一律的時刻警惕、飽含階級仇恨的模樣。於是人物形象的戰鬥性成了人們閱讀美術作品時印記最深的面孔。

提高警惕，保衛祖國
關琦銘　尺寸不詳　1970年　藏地不詳

64－1971〈在大風大浪中前進〉

唐小禾（Tang Xiao-He 1941-）

　　毛澤東喜好游泳，這在世界政治家中恐怕是出了名的。

　　一九五六年夏天在中國政治風雲來臨之前，毛澤東去了一趟南方，而且還不顧隨行人員的勸阻，執意要在武漢的長江裡游泳，於是從武昌下水，在滔滔的長江水裡漂游了二十公里，玩足了兩個小時才由漢口上岸。此時六十三歲的毛澤東玩興猶酣，為抒發他的得意心情，留下了一首「水調歌頭・游泳」的詩詞，寫出了「不管風吹浪打，勝似閑庭信步，今日得寬余」的名句。這種大氣磅礡的人生姿態對當時備受西方大國封鎖的中國人民來說，當然是一種極大的鼓舞，於是，經過藝術加工、專題表現，毛主席暢游長江的作品也相繼出現不少。

　　湖北畫家唐小禾從一九七一到七二年相繼畫過兩幅表現毛澤東暢游長江的油畫，〈在大風大浪中前進〉是其中的一幅，另一幅為〈在大風大浪中成長〉。這兩幅畫在與之相關題材的作品中最有代表性。毛澤東站立在軍艦上揮手向岸上的人們致意，隨行的戰士、紅衛兵小將和民兵半圍在毛澤東身後，個個昂首挺胸，喜笑顏開，彷彿象徵著舵手領航、指引著社會主義大船奮勇前進之意。這種解讀不知是不是符合作者創作的原意，但這種以高大的毛澤東為中心、群眾圍在身旁的領袖式構圖，的確寓含了中國大陸人民普遍崇敬毛澤東的集體意識，並且進而成為一種表現毛澤東在人民中的特有圖式，這類圖式的美術作品在七〇年代能見到很多。一九七二年的全國美展上，唐小禾的這幅與廣東陳衍寧的〈毛主席視察廣東〉並排掛在一起，各自的構圖恰好形成一種統一的圖式。

　　唐小禾是已故油畫家、原湖北藝專唐一禾的兒子，一九六五年畢業於父親創辦的湖北藝術學院油畫系。畫〈在大風大浪中前進〉既是湖北畫家的政治任務，也是地方獨有的題材資源，由於出生於「資產階級教授」的家庭，唐小禾在學院裡一直有政治上的壓力，現在能派上創作這樣重大題材的任務，自是打心眼裡覺得是黨對他的信任。不過，就湖北當時的油畫實力而言，像唐小禾這樣有深厚寫實造型能力的學院畫家，自然是領銜這種政治任務的理想人選。無論是誰，當時能派上畫這樣的畫，渾身都會充溢著自豪與激情，這種情感也毫無掩飾地留在了畫布的色彩、筆觸和人物的情態上。

■ 在大風大浪中前進
唐小禾　油畫　尺寸不詳　1971年　藏地不詳

65 － 1972 〈永不休戰〉湯小銘（Tang Xiao-Ming 1939-）

　　毛澤東一九四〇年曾在「新民主主義論」一文中說：「魯迅是在文化戰線上，代表全民族的大多數，向著敵人衝鋒陷陣的最正確、最勇敢、最堅決、最忠實、最熱忱的空前的民族英雄。魯迅的方向，就是中華民族新文化的方向。」魯迅在毛澤東時代，甚至中國近現代歷史上的地位如何，就從毛澤東冠以的這五個「最」就可以掂量出他的份量。

　　然而，也正是毛澤東的這五個「最」的高調定論，魯迅在一九四九年以後逐漸成為一個不可親近的神話般的很厲害的人物，尤其到了文化大革命，魯迅更被當成了意識形態下政治所需要的文化旗手。他批過《水滸》，罵過孔丘，怒斥過夏衍、周揚等「四條漢子」，甚至還揭露過張春橋在上海時的反動嘴臉……總之，魯迅在中國人的心目中，是「橫眉冷對千夫指」的拿著匕首和投槍的戰士，既然「魯迅的方向，代表了中華民族新文化的方向」，那麼，過去凡是與他有過筆戰的文人都被「四人幫」排在了新文化的對立面。這些人留在大陸的除了郭沫若等少數人外，大多被審查批鬥，去了香港的葉靈鳳和去了台灣的梁實秋、林語堂更是成了十惡不赦的反動文人。

　　這當然不是魯迅的過錯，他在一九三六年就過世了，他不會想到他身後的價值和作用竟是這樣，更不會想到他的形象在畫家筆下，一度被畫成了橫眉豎眼的鬥士。

　　〈永不休戰〉是文革時期最有代表性的一張魯迅油畫肖像，這個題目就是當時畫家、甚至普通老百姓在意識形態的影響下，對魯迅的一種最基本的認同。雖然說是一幅肖像畫，但畫家已經將之當作情節性繪畫來加以表現，周圍的陳設、魯迅的姿態和神情，都在著意強化出一個在病中仍用犀利的筆鋒「痛打落水狗」的戰士形象。

　　作者湯小銘是當時廣東畫院的專職畫家，一九六四年畢業於廣州美術學院。廣東美術創作在文革時期異軍突起，以黑馬之勢闖入中國畫壇，與其他崛起的有影響的畫家共同形成了一股強勢的廣東創作現象，其中主要的畫家有「八大金鋼」之說。湯小銘忝列其中，數一數二。這幅〈永不休戰〉原先是應廣州魯迅紀念館而量身定作的，沒想到在一九七二年的全國美展上連人帶畫成了耀眼的明星。

　　這幅肖像畫令人驚羨之處，當然是它紮實的造型能力和精彩的灰色調的色彩功夫，那雙消瘦的手的結構和背景中疊擺起的報紙，都是在很輕鬆卻又很講究筆法技巧的塑造下畫出來的，魯迅的臉有意畫得稍胖一些，但仍清晰可見其病容。然而，病容中的堅定意志和一個也不寬恕的鮮明態度，卻實能見出魯迅厲害，這應該說是畫家表現魯迅時牢牢掌握著的基本理念。

■ 永不休戰

湯小銘　油畫　140×108cm　1972年　中國美術館藏

66 — 1973〈漁港新醫〉陳衍寧（Chen Yan-Ning 1945-）

　　陳衍寧，一九六五年畢業於廣州美術學院，在文革時期也是廣東畫壇的「八大金鋼」之一，與湯小銘並駕齊驅，名震中國。這幅〈漁港新醫〉即是他的成名作，也是他一生中對中國美術產生影響最大的一件油畫作品。

　　畫中表現的是文革時期活躍於中國山鄉、漁村、農場內的赤腳醫生，熱情為漁民們送中藥茶水的感人情景。這種行業在今天早已被取消了，但在七〇年代的中國，卻是普遍受到培養和鼓勵的新鮮事物，在農村中的田間地頭常常可看到那些提著紅十字小藥箱，卻不穿白大衣的鄉間醫生為人們送藥看病，這種醫生多由回鄉知識青年或插隊知識青年擔當，故稱「赤腳醫生」。他們由政府統一培訓和管理，與現在民間行醫的醫生有本質上的不同。陳衍寧是廣東人，很自然地選取了漁港中的赤腳醫生這一新鮮事物為創作題材。也由於是新鮮事物，故而起名為〈漁港新醫〉。

　　畫中明快的情調、樸素的裝扮、健壯的身影和燦爛的笑容，完全代表了畫家對這一新鮮事物的讚美態度，不管赤腳醫生這一角色在今天是如何地消失了，但這種可愛的姑娘形象卻隨著畫家真誠的表現傳給了後代的人們。陳衍寧對漁家姑娘形象刻劃和洋溢於臉上、行為上的神采的表現可謂地道傳神，漁家姑娘質樸清爽的勞動形象絲毫沒有走樣，卻又比原來的人物形象和姿態有更典型更藝術的提煉，如光著的大腳和分踏在兩條船邊上的雙腿，這些都是從體驗生活中觀察得來的漁民形態。這樣動真情的創作過程，使作者本來就已經很嫻熟的油畫技巧和造型能力得到了超常的發揮，一洗文革以來油畫虛假死板之風氣。

漁港新醫

陳衍寧　油畫　110×138cm　1973年　中國美術館藏

67 — 1974〈太湖鵝群〉吳冠中（Wu Guan-Zhong 1919- ）

這是一張尺寸很小的油畫寫生，作者為吳冠中。

吳冠中何許人？在文革後期還敢營造這樣抒情的小天地？這樣的文藝氣候下還能容許這樣唯美的格調？

是的，像吳冠中〈太湖鵝群〉這樣的風景畫在文革期間著實不多，畫壇中的絕大部分空間讓給了工農兵形象和階級鬥爭的內容，極少量的個人空間在這種大氣候中顯得格外的珍貴。也正因為如此，吳冠中的風景寫生在文革結束後逐漸發表以來，一直為畫壇所稱道。人們在鋪天蓋地的階級鬥爭的圖像世界的格局中，都以一種新鮮的目光打量著吳冠中的舉動。一九七八年第五期的《美術》雜誌發表了吳冠中的〈長江山城〉，首次讓人們看到了久違的吳冠中的風景面貌；一九七九年第五期《美術》雜誌登載了吳冠中的文章「繪畫的形式美」，在美術界引起了軒然大波；一九八○年吳冠中應《美術》之約，在第三期首次較全面地介紹了曾被文藝界視為大忌的梵谷藝術。吳冠中的一舉一動成為畫壇焦點，即從這時期開始的。

吳冠中一九四七年在國立杭州藝專畢業後考取公費留學法國，進入巴黎國立高等美術學院學習，一九五○年回國，先是到中央美術學院執教，後調入清華大學建築系。一九六一年在中國美術家協會的組織下，與董希文、邵晶坤去西藏寫生，這批畫在中國頗有影響力。吳冠中那種近於中國水墨畫的表現手法和抒情格調的畫，一直留在同行們的美好印象裡，尤其像〈札什倫布寺〉這樣精彩的寫生，在當時實屬稀罕。但很快吳冠中的風景之路就與他眼前的中國實際格格不入。為了保全自己的藝術理想，吳冠中躲隱起來，在寂寞的個人環境中走了二十年。

一九七○年，吳冠中隨中央工藝美術學院師生，被下放河北省獲鹿縣李村的一個解放軍農場勞動，吳冠中體弱多病，被分配的任務是放鴨子。一九七三年，中國政府為了進一步擴大外交，於是佈置北京各大賓館、飯店成為一項政治任務。吳冠中與一大批老畫家、中年畫家借著這個機會被召回北京畫賓館畫。由於這一次機會，吳冠中便與黃永玉、袁運甫、祝大年等人有了去江南、西南收集素材的寫生之行。這幅〈太湖鵝群〉就是這次三個月寫生旅程中的一個收穫。

群鵝歡騰，天水一色。碧波盈盈托著錯落有致的白鵝，紅嘴點點，嵌於片片白色之間，格外的耀眼、有生氣。大片灰色之中，一塊重色壓穩上方，頓使畫面響亮起來。在平刷的湖水中，吳冠中採用了跳躍的有黏性的筆法畫出鵝群的白色，於是靜靜的太湖有了鬧騰的氣象。看得出，這趟旅行寫生充滿了鳥兒飛出籠子般的愉快。然而，他們還在四川寫生的時候，北京的批黑畫運動就開始了，同行的黃永玉首當其衝。這趟短暫的戶外之旅就此匆匆收場。

■ 太湖鵝群
吳冠中　油畫　46×61cm　1974年　中國美術館藏

68 — 1975〈重上井岡山〉全山石（Quan Shan-Shi 1930-）

　　一九七五年底，《人民日報》頭版頭條發表了毛澤東的兩首詩詞：「水調歌頭‧重上井岡山」和「鳥兒問答」。前一首是一九六五年寫的舊作，後一首則是寫於一九七五年的新作。這兩首詞一發表，猶如毛主席發表了最高指示一樣，中國上下又投入了認真、熱情的學習之中。向來追隨主流和重大題材的美術界更是有事可做，於是有了〈毛主席重上井岡山〉的幾個不同畫種的創作版本。

　　浙江美術學院全山石的油畫〈重上井岡山〉就是在這樣的背景下創作的。畫中的情節是以一九六五年毛主席重上井岡山故地重遊，與當地老百姓親切交談的故事為依據而創作的。因此，毛澤東與老百姓都興致高昂，在半仰視、半敞開的構圖中，所有人物的視線都聚集於毛澤東身上，連雄偉的黃羊界群峰都已處在毛主席的視線之下，身後的藍天白雲把延綿不絕羅霄的群峰映照得格外明朗。此時的毛澤東當然是感慨良多。想當初，三十八年前與朱德在這裡創建中國第一隻工農紅軍和根據地，由此與蔣介石打了十三年的仗，最後奪取了中國大陸的政權。

　　畫家在表現這一主題時，毫無疑問是把毛澤東舊地重遊的心情和國家的變化當成了重點來緊扣主題和設計畫面，此時的毛澤東已不是當年頭戴八角帽的紅軍指揮員，而成了胸懷世界風雲的國家領袖，這種身分在畫中得到充分的表現。再就是毛澤東與圍觀群眾的交談，也彷彿親切詢問老表生活情況，諸如打多少糧食、娃娃上學沒有等等家常的問題，不失平易近人的作風。

　　然而，畫家或觀者還是多從詩詞本身去作許多就事論事的畫面解讀，滿懷激情地去體會毛澤東重上井岡山時「換了人間」的心情和昂揚鬥志。誰也沒有想到此時毛澤東的憂慮，以及發表這首舊詞的用意。一九七五年末，尼克森的女兒丈夫前來中國看望毛澤東時，與毛談起了剛剛發表的「水調歌頭‧重上井岡山」，年邁的毛澤東曾輕聲地向尼克森的女兒朱麗葉‧艾森豪威爾說：「黨內將會有鬥爭。」因為，對文革成果的懷疑已在黨內的文教領域裡出現了，而且勢力不小，毛澤東為了挽救已漸被貶值他親手發動的文化大革命，於是發表了「重上井岡山」和「鳥兒問答」，以示做最後一搏。

　　看來，領袖與普通人洞察世態的方式方法竟是這樣的不一樣。

▌重上井岡山

全山石　油畫　360×195cm　1975年　中國美術學院藏

69 — 1976〈淚水灑滿豐收田〉

陳丹青（Chen Dan-Qing 1953-）

　　一九七六年是陰曆龍年。一種巨大的情感悲痛降臨中國，首先是一月八日周恩來總理去世，沒過幾個月，朱德、毛澤東又相繼逝去，這之中，還夾雜著一個空前災難的唐山大地震，當然，也有十月六日揪出「四人幫」的大快人心的事，因而這又是一個大悲大喜的龍年。這種大悲大喜無疑給中國文藝帶來了巨大的影響，當年及稍後的一年裡，許多文藝作品都傾注了文學藝術家們真誠的淚水和悲情之後的歡樂：三位開國元勛的去世，舉國上下一片悲痛；粉碎禍國殃民的「四人幫」，又給中國和人民帶來了一個嶄新的未來。

　　這一年，剛剛結束五年插隊生活、被調到南京市江浦縣文化館的陳丹青，在八月借調到西藏協助邊區的革命創作，九月裡就聽到了從廣播裡傳來的哀樂，才知道毛主席沒有了，接著看到了舉國上下，人民哭聲一片。於是畫了這幅以藏民為背景的〈淚水灑滿豐收田〉。事實上，這一年的春天，陳丹青還畫過一幅〈給毛主席寫信〉的油畫，表現的內容完全是道聽途說中獲得的關於一群知青熱情滿懷地給毛主席寫信表決心——要紮根農村一輩子，在廣闊天地裡貢獻自己青春的純情故事，沒想到才隔半年卻為毛主席畫了一群哭泣的臉。很多年後陳丹青回憶自己藝途時「才忽而想到那一年我的兩幅油畫創作都與毛主席有關，又都沒有將毛主席畫出來——倒是我的畫筆就此同西藏發生長久的瓜葛」（《紐約瑣記·金陵懷舊記》）。因為一九八〇年已在中央美術學院讀研究生的陳丹青為畢業創作又去了西藏，並在那帶回了震動新時期美術界的七幅「西藏組畫」。也是這一次二進西藏，竟從當地文化局展覽館的倉庫裡翻出了這幅落滿灰塵的〈淚水灑滿豐收田〉，然後拆下捲回了南京，帶去了美國。

　　因為這張畫，完全草莽出身的陳丹青名傳中國，剛剛恢復生氣和高考制度的美術界，似乎都在盛傳中央美術學院招到了一位寫實天才。由此，陳丹青的一切藝術行蹤成為人們關注的焦點，後來七張小畫的「西藏組畫」給中國美術帶來的一陣興奮，實際上已是這種關注的必然結果。在人們的渴望中，陳丹青不僅證明了自己過人的實力，還呈現給中國一個嶄新的、富有挑戰性的美學視域，那個追摹蘇聯先輩而創作的〈淚水灑滿豐收田〉則永遠地成了中國美術新舊交替時期的一個特定記憶。

涙水灑滿豐收田
陳丹青　油畫　尺寸不詳　1976年

70 — 1976〈支援前線〉**崔開璽**（Chui Kai-Xi 1935-）

　　對一九四八年淮海之役的評價，陳毅元帥有一句名言：淮海戰役的勝利是華東幾百萬民工用獨輪車推出來的。解放軍藝術學院的崔開璽創作的〈支援前線〉，就是以此為引子而表現的淮海戰役中支前民工的場景圖像。

　　「文革」中宣傳畫暢行，從而練就了一批水粉畫高手。然而弊病也隨之而來，許多油畫染上「粉氣」，淡化了油畫味。〈支援前線〉畫面很小，但卻不失大畫的氣象，縱深場面的大空間和眾多人物的洪流，在畫家的筆下均是輕車熟駕的表現；筆觸輕鬆帥氣，色彩飽和明亮，人物生動活潑，組合輕重有序，每一個整體和局部都透著強烈的塑造感，讓人一看便知是「文革」後期，在速寫熱潮和水粉世界中鍛鍊出來的畫家才有的藝術風格。雖然是一幅歷史畫創作，但畫中卻得益於不少宣傳畫和水粉畫的表現技法，自始至終保持了清新明快的作畫格調和技法痕跡，與整個畫面熱鬧的場面和諧地融為一體。

　　崔開璽長期在部隊從事美術創作工作，六○年代在中央美術學院油畫系進修，創作有很多優秀的部隊題材的作品，而且所畫的尺寸都不大，與同時期的很多作品相比，顯得很獨特。

　　盡管這是一九七六年，「文革」已走到盡頭，但在這年月裡畫的作品仍不免有著一些「紅光亮」的痕跡，這是政治解凍前夕和初期美術創作中普遍的現象，不獨崔開璽有；這種現象同時表明了該時期的創作離個性的、真實的表現尚有一步之距的恢復過程。但看得出，毛澤東的肖像時代已經過去，歌頌老一輩元勛的平反時代已經悄悄到來。因為淮海戰役的總前委中有鄧小平、譚振林、劉伯承、陳毅、粟裕，其中的幾位在「文革」中是被打倒的，現在能作為任務來創作這段戰史，說明政治嚴冬過去了。

支援前線

崔開璽　油畫　48×78cm　1976年　藏地不詳

71 — 1977〈打鐵鋪〉王流秋（Wang Liu-Qui 1919- ）

　　一九七七年是「文革」結束後的第一天。第二年，許多在歷次政治運動中被打倒被關押的幹部和藝術家開始陸續得到平反，美術界最大的政治冤案「江豐反黨集團」由於是毛澤東欽定，遲到於一九七八年底才正式得到中央組織部批准平反。被列入「江豐反黨集團」的多是出身於延安的紅色文藝幹部，如莫樸、彥涵、王流秋。這些人在被打倒之後所受的苦難程度各不一樣，雖然在六〇年代初，戴在他們頭上的右派「帽子」都已得到摘取，但又都在「文革」中舊帳新算，再次被打倒。其中王流秋被公安機關押進監獄，做了近十年的囚犯。「四人幫」倒台後的這一年，他在監獄已服刑七年。

　　王流秋原是泰國華僑，家境富裕，但他並沒有一直做商家的闊少，在泰國讀師範的時候就加入了泰共組織的「反帝大同盟」。一九三七年與這個組織的一些青年一道進入中國大陸，投奔了延安。一九四九年，他與延安的許多文藝幹部一道進入北京，接著又與江豐、莫樸受命南下接管杭州國立藝專，還擔當了繪畫系主任。一九五六年蘇聯油畫家馬克西莫夫在北京中央美術學院開辦油畫訓練班，王流秋被選派參加。兩年後他畫出的畢業創作〈轉移〉，隨著他自己被打入「江豐反黨集團」，也遭到了猛烈的批判，其罪名是歌頌逃跑。其實，他畫的是他曾經熟悉的敵後抗日鬥爭的生活，民兵扶老攜幼，掩護根據地的老百姓向山裏轉移，以躲避日本鬼子的瘋狂掃蕩。與所謂的逃跑主義是兩回事。然而，一九六八年在面對紅衛兵小將的嚴酷逼供和非人的待遇時，他萌生的念頭才是真正的逃跑。這一出逃，即使他踏上了一條遙遠的回家之路，又使他夠上了罪加一等的「囚犯」條件。他出逃後最終在雲南西雙版納的中泰邊境上被捕，押回杭州，被控「叛國投敵」，在公眾大會上被群批群打之後，判刑十年，關進監獄。

　　服刑幾年後的王流秋，碰著了一位「賞識」他才能的看管隊長，讓他專幹出版宣傳牆報的活兒，空閑中，另派些放牛、管水之類的輕鬆活兒，還允許他畫些油畫。於是，在這樣的環境下，他找來些小紙板，刷上油，向油漆師傅討來些油漆，便以勞改農場的人物、景物為對象，居然畫起了他一生中尺寸最小，又最粗放的油畫。

　　這批油畫可謂別致，首先是油漆畫，然後又是服刑時的繪事。由於油漆的顏色品種很少，大致上只有紅、黃、藍、白、黑五種顏色，加上畫面小，不便深入刻畫等原因，使王流秋的獄中油畫有了不同以往的別樣風格，畫法、筆觸、造型均是生動有力、自由奔放的狀態，色彩整體飽和，卻又閃動著微妙的變化。這實在是王流秋生命中極其強烈的求生記錄和一種苦澀的浪漫、「自由」。有了這個視域，王流秋的精神世界裏才有了生機和光彩。一九七八年復出後的王流秋，畫風大變，有了更自覺更強烈更成熟的樸拙味和東方民間藝術的形式感，不再像過去那樣尚細求繁，完全是在這幾年的獄中油畫悟出的趣味。

■ 打鐵鋪
王流秋　油畫　16×13cm　1977年　自藏

72 — 1978〈紅燭頌〉 聞立鵬（Wen Li-Peng 1931-）

　　從一九七七到一九七八年，對往事的追憶和對昔日革命領袖、志士的緬懷之情彌漫於大陸畫壇，算是對「四人幫」扭曲歷史的一種清算，也是社會中的一種普遍人文情緒。因為在「四人幫」橫行霸道的時期，個人崇拜登峰造極，除了毛澤東和魯迅形象能進入美術作品之外，其餘的政治人物和文化名人均沒有資格為畫家表現，何況其中不少歷史人物還被說成了叛徒或歷史罪人。聞一多雖為毛澤東欽定的民族英雄和民主烈士，但在過去的二十年裡，也始終沒有被美術家表現過。文革結束後，人們首先把目光投向的是被「四人幫」搞亂了的歷史，於是，這些人物又重新成為人們追念的文化記憶，當然，這些被追念的人物中以老一輩無產階級革命家為多，文化人物相對少一些。以聞一多精神世界為主題的〈紅燭頌〉即是其中不可忘懷的一幅佳作。

　　作者聞立鵬是聞一多的三公子，聞一多一九四七年在昆明遇害時，聞立鵬沒有在身邊。在這之前，恐怕是父親預感到了什麼，即把他送回了北平。因而對他而言，這段離開父親的日子始終是個遺憾，思念之情貫徹其一生。作為畫家，他有責任畫出父親的境界，這不光是對親人，對很多人來說都是一種心願的實現。

　　聞立鵬後來隨母親到了解放區，就讀於專門培養革命幹部的華北聯合大學，進城後再入中央美術學院油畫系學習，一九六三年他在羅工柳主持的油畫訓練班畢業。創作了〈英特納雄奈爾就一定要實現〉的作品，一九七九年復出畫壇後相繼畫過父親聞一多和文革烈士張志新；八○年代後逐漸轉向抒情言志的風景創作，著意於崇高、偉岸意境的追求。看得出，聞立鵬骨子裡的藝術理念是悲壯的和人文的，裡面埋著一條揮之不去的英雄主義主線，這樣，由他來畫聞一多再合適不過。

　　這幅畫以聞一多一九二三年出版的第一本詩集《紅燭》來命題，借以歌頌其獻身精神，故而叫〈紅燭頌〉。在二○年代的中國，聞一多借紅燭詠出過自己的心聲和理想：紅燭啊！／這樣的紅燭！／詩人啊！／吐出你的心來比比，可是一般顏色？……紅燭啊！／你流一滴淚，灰一分心。／灰心流淚你的果，創造光明你的因。畫面中選取了一個為大多數人所熟悉的聞一多側頭凝視的身影，一枝燃亮著的紅燭置於畫前，用以點題，背景片片燭光相連，映紅了黑夜，非常的好看。畫家妙用象徵手法，結合肖像畫的格式，畫出了一個精彩的聞一多世界。

■ 紅燭頌

聞立鵬　油畫　70×100cm　1978年　中國美術館藏

73 — 1978〈爲什麼〉高小華（Kao Xiao-Hua 1955-）

　　敢於反思自己的過去，是一個民族思想行為上的優點，也是一個民族走向理性所必須有的思想素質。十年「文革」，整個中國陷入動亂，十五、六歲的紅衛兵小將們在毫無理性的幾年時間裡，鬧騰了整個中國，其中最殘酷、最無謂犧牲的莫過於武鬥。那年月，各種打著革命旗號的紅衛兵團體彼此間大開殺戒，展開了戰爭一般的槍炮戰鬥，為此，許多年輕的生命成了冤魂新鬼，其慘狀我們可以從鄭義一九七八年的小說《楓》裡窺見一斑。

　　「文革」結束後，首先起來對「文革」進行批判性反思的就是這批當年的紅衛兵，今天的幸存者，他們以親身的感受和壓抑多年的心聲向社會、人們講述了一個個催人淚下的悲劇故事，用現實主義的藝術形式表達了他們反思的聲音和已經覺醒了的人本良知，在全中國頓時間激起了普遍的共鳴。

　　高小華創作的〈為什麼〉就直接採用了質問式的畫題，畫出了年輕的紅衛兵小將們在武鬥過程中的徬徨狀態。激烈的戰鬥，已使他們疲憊不堪，饑餓掛彩，在戰鬥間隙的街壘裡，他們也納悶：同是毛主席的紅衛兵，為什麼勢不兩立、互相殘殺？當然，這個問號，不止是畫中沉思的紅衛兵，也是作者高小華向自己、向社會的提問。

　　一九七八年前後，是中國美術界的一個批判現實主義的階段，也是真正萌芽於五〇年代的現實主義傳統的恢復階段，四川美術學院油畫系是引領這種風騷的一個重鎮，在這個學院裡，產生了一批像〈為什麼〉這樣的重量級作品，高小華即是這個重鎮中的一員大將。

　　畫這幅畫時他還是一名學生，但他們終究以真實、真話、真感情向社會展示了悲劇藝術的審美力量，撕破了長期掛在美術舞台上的粉飾太平的微笑大幕，畫出了廣大人民普遍關心的社會問題，亮出了犀利的社會批判鋒芒。

　　從美術創作的角度看，這種現實主義傳統的恢復，尤其是批判鋒芒的出現，完全標誌了「四人幫」創作模式的結束，使中國油畫回到了人文、人道主義的美術立場，也回到了寫實藝術所應有的技術要求和位置上。

▊ 爲什麼
　高小華　油畫　106×136cm　1978 年　中國美術館藏

74 — 1979〈春〉王亥 (Wang Hi 1955-)

　　一九七七年中國大陸恢復了中斷十年的高等院校入學考試制度。頃刻間，一大批求知慾望被積壓了多年的大齡青年進入了大學，這就是後來社會上說的七七級大學生。這批大學生大多來源於插隊知識青年，有直接的文革經歷，對武鬥的狂熱場景和在廣闊天地裡，接受貧下中農再教育的朝朝暮暮有抹不去的記憶。在一九七八年撥亂反正，否定十年文革的政治氣候到來以後，他們便率先引發了波及全中國的傷痕文藝思潮。美術界最集中的傷痕思潮的創作基地是四川美術學院油畫系和北京地區，這批剛剛從文革中走出來的青年們，採用批判現實主義的手法畫出了一批震動人們的傷感情調的作品，羅中立、王川、王亥、何多苓、朱毅勇、高小華、程叢林、張紅年等，以及「星星」畫會的成員，都是那時代脫穎而出青年畫家。

　　四川畫家群的傷痕作品，很多是寓含於鄉土的苦澀情調，如王川的〈再見吧，小路〉、何多苓的〈春風已經甦醒〉、程叢林的〈1968年×月×日雪〉、羅中立的〈孤兒〉以及何多苓的〈青春〉等。唯有這幅王亥畫的〈春〉帶著一種中性態度，客觀地畫出了知青在農村時複雜的精神狀態，而且像詩一樣的抒情，沒有半點批判的筆調和反思的意味。相反，把一個姑娘對生活的憧憬，融在一種淡淡的傷感情調之中，讓人觸景生情，陷入複雜的思緒裡。究竟是迷惘、嚮往、傷情或是別的什麼，似乎誰也說不清楚。

　　春意朦朧的早晨，與倚靠在土牆屋檐下梳頭的女知青，融合在一個灰綠色調的畫面裡，本身就是很美的意境，然而，人們的解讀鎖定在那個上山下鄉的歲月，卻使這種意境蒙上了一層無言的情傷。

　　這幅畫在技術上倒沒有什麼特別的超群之處，他之所以動人，在於真誠，敢於言情，畫出了一種在文革中多年不能敘說的情調，在普遍傷感的知青作品中別具一格。

▌春

王亥　油畫　77×158cm　1979年
中國美術館藏

75 — 1980〈父親〉 羅中立（Luo Zhong-Li 1948-）

　　文革中各種各樣的萬人遊行和集會司空見慣，這些遊行、集會不外乎慶祝和聲討兩種類型。在這些延綿數里的遊行隊伍中，或是萬人集會的廣場上，常可看到各種尺寸不等，但卻都由數人扛著的大畫牌，畫牌上多半是馬恩列斯、毛澤東的畫像，或是醒目的口號、語錄。這是一種規格，除毛澤東或馬恩列斯能單獨畫成這麼大尺寸的巨幅畫像外，其餘的人都不配。這種思維定勢延續了幾十年。

　　一九八○年四川美術學院一位油畫系三年級的學生，將這種人們熟悉的領袖像的大尺寸畫成一位農民肖像的時候，人民的心靈和視覺受到了前所未有的震撼。這就是一九八○年在「第二屆全國青年美展」上出現的油畫〈父親〉，作者羅中立。由此，這張畫連同羅中立的名字載入了中國的現代美術史冊。當年還是毛頭學生的羅中立，現在已是四川美術學院院長了。

　　〈父親〉是七○年代末興起的反思性鄉土繪畫中的代表性作品之一。它的出現，標誌了一個粉飾太平、鶯歌豔舞時代的過去，一個畫真實的創作時代的來臨。農民，在鄉土中國的社會結構中，是最普通、又最不起眼的群體。然而在以往的美術作品裡，農民形象能引起人們對農民問題思考的幾乎沒有，正因為這個原因，〈父親〉展出和發表後，確實令不少的學生、農民、幹部面對它陷入了沉思，心靈受到強烈的衝擊。可以說，中國美術史上還沒有一張畫能像〈父親〉那樣在知識界有如此廣泛的影響，那時，詩人、作家都對它動之以情，寫下過激動的篇章。《美術》雜誌也闢出專欄進行了熱烈的討論。真正的現實主義的復甦和力量在這幅畫中得到了優秀的驗證。

　　羅中立在四川達縣插隊七年，對那裡的鄉土狀態和農民生活有深切的體驗，用他的理解就是繪畫真實的，發人深省的農民形象很少，畫出他感受中的農民形象是他的願望，而且這種形象綜合了很多鄉下農民的特質，要做到這一點，非要用畫領袖像的大尺寸來表達農民的巨幅頭像不可，唯有如此，才能將農民臉上最感人的細節充分、真實地畫出來，給觀者來一個與真實農民面對面的感動機會。也許，很多人都見過農民，但如此近距離逼視這麼一個佈滿滄桑歲月的老農人的臉，卻從來沒有過。這張臉中有溝壑般深深的額紋，有粗厚乾燥的雙唇，有被鄉下人稱做的「苦命痣」和認定為怕老婆的「卷耳朵」，有一隻大手端著的破了口沿的水碗……這些都是通過超級照相寫真的表現技法才能傳達出的真實，而這種超寫實手法的表現又是依托大型的尺寸的畫面才能展開的。正是這種對外國現代手法的大膽借鑒，使〈父親〉引來眾人眼光中的一片驚羨。

　　作品完成後，應該說沒有什麼節外生枝的事情了，沒想到在四川送評時，一位領導嫌苦澀太多，有損中國農民的形象，便要求羅中立在農民的頭巾旁插上一枝圓珠筆，以表現出一位曬穀場上為國家打糧的記分員的形象。這實在是文革時代極左意識和反真實的創作思想尚未肅清的後果，給這幅畫造成了添足的敗筆。但是，在評選時原畫題為〈我的父親〉的這幅作品得一位評委指點，改為〈父親〉，一下子使該畫具有了更深刻的藝術內涵和廣泛的社會容量，這卻是羅中立不幸中的一幸。

▌父親
羅中立 油畫 222×155cm 1980 年 中國美術館藏

76 — 1980〈伯樂〉王懷慶（Wang Huai-Qing 1944-）

借相馬喻識人才的古代故事，現代美術中有兩幅作品畫過：一是一九三○年徐悲鴻的水墨畫〈九方皋〉，另一幅就是一九八○年王懷慶的油畫〈伯樂〉。九方皋是春秋時期伯樂的朋友，識千里馬的眼力不在伯樂之下，後得伯樂推薦給了秦穆公，使秦穆公得到了一匹良種坐騎。

每個時期出現一些借古喻今的作品，都不會是空穴來風的，徐悲鴻時期是這樣，王懷慶所處的時代也是這樣。

一九七七年中國大陸恢復大學招生考試；一九七八年科學大會召開，中科院院長郭沫若熱情洋溢的祝辭「科學的春天」，激盪著劫後餘生的每一位與會代表；徐遲的「哥德巴赫猜想」成了青少年競相捧讀的感人名篇，陳景潤也因此成了人們最崇拜的「明星」……就這樣，一個尊重知識、尊重人才的社會風氣吹遍中國，「文革」期間低三下四的「臭老九」們在這樣的主流風氣下揚眉吐氣，成了全社會尊重和羨慕的人。那年月，在知識界最流行的話語就是「把失去的青春奪回來」。於是「人才」一詞，成了全社會使用頻率很高的一個詞匯。連應運而生的一份《人才》雜誌都辦得紅紅火火。

王懷慶是「文革」前畢業於中央工藝美術學院的畫家，經歷過荒唐的十年「文革」，對知識及知識分子遭踐踏有切身的體會，對現在社會呼喚人才當然也有同感。一九八○年他與幾位同學如秦龍、黃冠余、孫為民、張宏圖等人組織「同代人」畫會，就是懷著強烈的社會使命感在剛剛打開窗口透氣的年代裡，想經由藝術作品發出自己的聲音，並創作一些新鮮的藝術形式方面的探索，這本身就是一種回歸知識本位的積極姿態。〈伯樂〉即畫於這個時期和源於這種心態。

得承認，「同代人」中的王懷慶、張宏圖和黃冠余受維也納分離派的克里姆的影響，主要是形式美感方面的一些元素，對應了他們的藝術共鳴；克里姆畫風也是因為王懷慶而進入了中國畫界的視域。這時期恰逢美術界掀起了形式美的大討論，討論的結果，是使形式成為了藝術創作中特別重要的東西，依靠內容來創作的政治束縛完全被解脫。於是，一些畫家率先邁入了形式探索的領域。作品傾向於造型與構圖的裝飾性，加強線條的輪廓功能，色彩富麗，結構誇張形變的「同代人」畫家的創作成果，此時顯得格外突出。但王懷慶的圖式還是結合了中國壁畫藝術的特點，不講究空間的真實，刻劃出主體形象即可。伯樂的悲天憫人、惜才如玉之狀與白馬的人格化描繪，讓人一看就是那個年代的人文精神和社會情緒，讓面對它的人們觸動起好多的感懷。

■伯樂

王懷慶　油畫　165×200cm　1980年　中國美術館藏

77 — 1981〈春風已經甦醒〉何多苓（He Duo-Ling 1948-）

　　何多苓，四川油畫群體中的另一位大將，〈春風已經甦醒〉是他精心創作的一張感動過好多人的傷感作品，在鄉土思潮中極有聲望和人氣。

　　用「春風已經甦醒」作畫題，在一九八一年的光景裡具有雙重提示，一是指畫中，一是指畫外，因為那個時候整個中國大地確實已寒去春來，枯草漸綠。很多中國人也像畫中那位殷殷期盼的女孩一樣，凝視著中國的變化。

　　何多苓的個人氣質和畫充滿著詩情傷感的意味，那時，尚未有更新穎的美國畫家介紹到中國大陸，但魏斯（Andrew Wyeth）在台灣已是知名度很高的外國畫家。何多苓通過其它途徑率先看到了他的作品，便心儀不已，他後來在一篇談創作的文章中就直白地說，他很嚮往魏斯畫中那孤獨的地平線和嚴峻的思考，對魏斯那種迷人、細致的表現手法也著意跟隨。為此，他在八〇年代的頭幾年便陸續畫了好幾張情調傷感的油畫，畫中的人物、環境、氣候均是他熟悉的四川鄉村潮寒時節下的民生狀態。

　　這批畫在兩個方面給大陸漸次復甦的畫壇帶來了一陣不小的興奮。首先是畫中自有一套很程序的超寫實手法，使具有普遍的寫實熱情，手法卻單一的中國畫家們感到新奇，作為對抗文革以來普遍強烈的明暗塑造手法。何多苓趨於平光、柔和的光源設計，使畫中的一切均有了含蓄雋永的意味，許多細節也相應得到充分的表現。其次是彌漫於畫面的傷感情調；一般說來對弱小者的同情是悲劇力量中最易打動人的一個美學原則，何多苓筆下的靜態人物讓人一睹難忘，思緒萬千，正是在於他深藏不露的情感和對弱小者的同情。這些無言的人物在眼睛和臉上深深的隱含著一種讓人掉淚、沉思的東西，這是何多苓傾向於的悲劇美學中特有的現實態度，他會讓悲涼的真實與你面對面。畫中的人物、環境絕不過份地情緒化，但與之相視的人們卻會油然而生一種沁人肺腑的悲憫傷情。

▌春風已經甦醒

何多苓　油畫　95×130cm　1981年　中國美術館藏

78 — 1981〈鋼水‧汗水〉 廣廷渤（Guang Ting-Bo 1938-）

　　似乎是對「文革」油畫粗糙技術的一種極端性反撲，也似乎是中國油畫內在步伐的規律性走勢，八○年代初一股照相寫實技術的熱風勁吹畫壇，出現了幾件風格極端細膩的油畫，鎮得人們目瞪口呆。讓看慣了蘇式油畫和「文革」油畫的人們窮盡眼力，都想看出他們畫中的技術究竟。

　　繼一九八○年的〈父親〉之後，遼寧畫院畫家廣廷渤的〈鋼水‧汗水〉橫空出世，在畫壇又著實地讓照相寫實技術火了一把。

　　無論是藝術觀念，還是表現手法，或是油畫技術、造型能力，廣廷渤都向剛開放不久的畫壇呈現了一個全新的油畫圖像，直逼於觀者面前，像強磁性的吸鐵一樣，使人們在全畫的每一個部分都能駐足長留，長久地看進去。是的，這幅畫的引人之處在於逼真的細節和震撼視覺的超常人的大尺寸。它讓與之面對的觀眾，仿佛能聽到那位離開爐前尚未坐定的工人的輕輕喘息聲，能嗅到那如水柱狀往下淌的汗味。廣廷渤在「〈鋼水‧汗水〉創作點滴」的文章中說得很明白，他選擇一個爐長作主體，而且取正襟危坐的姿勢，就是想使畫面穩定而又有刻劃細節的餘地，兩隻手一張一馳，是顯示他只是暫時地坐下休息一會兒，即刻還要回到爐前投入緊張的勞動。為了能達到仔細刻劃的理想效果，廣廷渤採用了當時還很少為人所知的丙烯顏料，使畫面能在畫得很薄的情況下，去層層深入地描繪人物身上所需要的細節，而絲毫不露筆觸的痕跡。這種精細的手法與〈父親〉、〈春風已經甦醒〉是截然不同的兩種手法和效果。在這裡，在整體經驗和造型能力老道的前提下，材料取勝佔了很大的優勢。

　　以肖像帶場景的創作方法來畫巨幅勞動者的作品，〈鋼水‧汗水〉是繼〈父親〉之後的第二幅。普通人在油畫中能得如此禮遇的，八○年代初的羅中立與廣廷渤算是開了頭，與「文革」中的創作模式和與政治牽強附和的美學慣性形成鮮明對比，因而也含有了強烈的社會意義。

鋼水・汗水
廣廷渤　丙烯顏料　260×70.5cm　1981年　中國美術館藏

79—1982〈班機上〉 **韋啓美**（Wei Qi-Mei 1923-）

　　七〇年代末以來的撥亂反正、改革開放的政治氣候，不僅改變了普通老百姓的生活狀態和思想觀念，也更新了從事精神創造的畫家們觀照世界的視角。

　　執教於中央美術學院多年的韋啟美，在過去的幾十年裡，一直是在徐悲鴻的藝術思想和蘇聯現實主義的創作模式下走過來的，相繼畫過〈模範飼養員〉（1956）、〈三灣改編〉（1957）、〈初春〉（1959）這些為人們所喜聞樂見的好作品。

　　然而，韋啟美是個非常善於吐故納新的人，在同輩人中是少見的「新潮」老頭。進入八〇年代以後，他大膽地背離了自己過去已獲得成就的藝術道路，從藝術觀念到技術層面都全面地進行了更新，塑造了一個完全不同於以往的自我，其姿態比青年人還要趨新，還要有現代感。他也像羅中立借鑒美國照相寫實手法和何多苓心儀魏斯一樣，也選擇了中國畫壇尚未被人注意的美國現代畫家霍伯的市井畫風，來作為對流行的鄉土繪畫的反彈，表現現代時代下的都市風彩。有意思的是這些被中國人看中的畫家，都是一些尚未被介紹進中國大陸的大師，因而其畫風一旦成為中國經驗和圖像的時候，即能給人耳目一新的感覺。韋啟美筆下的都市人生溫馨閒適、從容安逸，享受著明亮的戶外陽光，或洋溢出一派都市建設者的風彩。在技術上與過去的寫實油畫，自有一種異樣的新鮮感，畫面色彩單純透明，筆觸平鋪直敘，情緒內斂沖淡，裡外都透著一種源於剛剛降臨於都市的新氣象的興奮之情。

　　出差或旅行搭乘飛機在幾十年來的中國社會中，一直是被視為有等級的奢侈事情，能與一個高鼻樑的外國人坐在一起更是稀罕。大陸改革開放後，不僅見到外國人是平常事，連出門在外坐飛機也成為普通老百姓可以選擇的事情。這就是一個時代的變化，是畫家韋啟美親眼目睹的新氣象。於是，他通過飛機客艙裡三個並排坐著的乘客身份、神態和舉止的不同對比，畫出農民乘飛機這一代表時代新風格的瞬間狀態。

　　韋啟美不僅是油畫家，還是一位有影響的漫畫家，這一幅用對比手法表現的油畫，就融入了一些漫畫的幽默手法，對人物的表情、服裝和行為做了恰到好處的刻畫，那位老實、略顯拘束、換了新衣服，又顯出欣慰的農民，也許是頭一回乘坐飛機，定然是與他平時的狀態判若兩個模樣。

■ 班機上
韋啟美　油畫　104×92cm　1982年　自藏

80 — 1983〈塔吉克新娘〉靳尚誼 (Jin Shang-Yi 1934-)

　　中國油畫迷戀技術，在八〇年代可謂登峰造極，一邊高喊著觀念更新，重視形式的口號，一邊卻是捉摸最厲害的寫實畫法的探究。也好在中國油畫是一貫制的對現實主義創作要求的重視和多幾付捉摸寫實的心眼，否則中國油畫的寫實台階就不會砌得這麼高。

　　說寫實，中國油畫進入八〇年後已有了好多條路徑，其中幾乎與鄉土寫實飄然而至的，是以靳尚誼為首的古典風。這種風尚有時被叫做新寫實，有時又被稱新古典，在中國學院派畫家中影響很大。〈塔吉克新娘〉可看作是這種古典風的標誌性開端。雖然在這以前，靳尚誼已畫了一些具有古典技術的肖像，但那還只是囿於技術層面，沒有形成有意味的成熟的風格。而這種古典風所具有的幾個特點，在〈塔吉克新娘〉上有相當完美的體現。如構圖的端莊、平穩，造型的準確和微妙的體積變化，筆觸的含蓄形態，色彩的單純沉重，人物形象的理想化……

　　靳尚誼的藝術理想和實踐，完全是中央美術學院寫實傳統承前啟後的一個中轉站，一方面他穩定了中央美術學院的寫實陣容，另一方面他提升了中央美術學院的寫實傳統，使寫實油畫中的學術因素得到了前所未有的加強。

　　在文革過後中國畫壇大悲大痛的題材氛圍裡，靳尚誼的典雅之風給人們的精神世界和圖像視域帶來了一種純情、理想的唯美境界，從而使人回到藝術的本位上來，享受和諧、雅致、淨化的藝術美感，同時也切實地做一些推進油畫技術的實踐工作，否則畫了幾十年的油畫，油畫的寫實極限究竟在哪，裡面有何種更深入的講究一直隔膜在中國油畫的門外。

　　事實上，靳尚誼的肖像畫創作完全不像八〇年代的鄉土、傷痕形式主義畫風那樣，有很多思想的重負和情節的纏繞，他只是想讓油畫回到從容新穎的技術狀態上去，畫出一些可以稱之為油畫的、有技術深度的東西，這是一個身在學府中的教員與社會上的畫家考慮問題時的根本分野之處。加之每個人的性格、秉賦決定了他創作藝術的方式方法。從馬格西莫夫油畫訓練班畢業以來，靳尚誼就一直表現出規矩、嚴謹的素描能力，也不著意對色彩的豐富性的捕捉和表現，因而幾十年來他的創作軌跡一直是在真實中求唯美、理性中求浪漫、單純中求深入、然後向真善美和諧統一的方向上追求的。在這種過程中，從不為時風所動過，雖然有過低潮和邊緣的狀態，但最終還是靠著這種單純的毅力和切中當下中國油畫技術問題的方向上，打出了一片新天地。

▌塔吉克新娘

靳尚誼 油畫 50×60cm 1983年 中國美術館藏

81 — 1984〈色草〉吳大羽（Wu Da-Yu 1903-1988）

　　一九八四年大陸第六屆全國美術作品展覽分畫種，在瀋陽、南京、上海、廣州、北京等幾個承辦城市舉行，其中油畫展區是瀋陽。自一九七二年舉辦了第五屆全國美術展覽之後，全國美術展覽停辦了十一年。因而一九八四年第六屆全國美術展覽發出通知後，各省市的美協都進行了充分的準備和廣泛的動員，其作法和積極性的高漲，與七〇年代辦展覽時的聲勢一樣。經過幾年改革開放的社會進步，美術創作人才的蓄備比以往都雄厚，人們的創作熱情也空前高漲。現在看來，不少優秀的油畫作品都誕生在這一屆畫展裡，如俞曉夫的〈我輕輕地敲門〉、朱乃正的〈國魂〉、詹建俊的〈潮〉、賈滌非的〈楊靖宇將軍〉、羅爾純的〈望〉、王玉琦的〈田野〉等。然而，這一屆美展終究未脫主題、情節、思想性的創作模式，因而有了畫家對美展體制的保守性的普遍批評，於是直接導致了一九八五年民間層面的現代藝術群體、展覽運動的爆發。

　　在這屆美展中，有一幅顯得很另類的作品，那就是出自老畫家吳大羽的〈色草〉。吳大羽自一九五〇年作為「新派畫」的代表而被國立杭州藝專解聘後，在上海一直離群索居，完全被擠到了畫壇的死角，幾十年無人知道這位三、四十年代名聲顯赫的教授在做些什麼。八〇年代後《美術》雜誌首先發表了他的抽象抒情油畫〈滂沱〉，一九八四年又向全國第六屆美展送去了畫風也近乎抽象的〈色草〉。

　　遺憾的是，這時畫壇上知道他的人已不多了，像他這種純藝術格調的又是非情節、非人物的「小品」，更不會引起人們多大的注意，惟有老學生吳冠中作為評委對之深懷敬意，拜讀再三。回到旅館後將對老師新作的感受寫進了當天的評選日記裡：「尊敬的老師八十歲了吧！多年不見，身體更衰老了吧！然而心臟和脈搏的跳動依然如此強勁，我深深感到欣喜，似乎又返回了四十年前的西湖藝苑。」這時的評委還都是一些資輩較大的畫家，因而大家還是出於尊重，評上了這幅小畫。

　　我們多年來一直把吳大羽在逆境和寂寞之中，堅守自己最後的一塊精神家園，固執己見，從未為時風的侵擾和高壓改變過自己一分一毫的藝術主張的這種行為，而作為一種奇蹟看待，或尋找一種藝術需要苦難的現實佐證，殊不知這裡面充滿一個老人的悲涼和辛酸，吳大羽幾十年裡蟄居上海，他幾乎像搞地下工作一樣，躲在小樓畫他那本來對國家、人民均無妨害的抽象畫。試想，倘若吳大羽能擁有一個更自由的空間，他的人生頂點和藝術前途會是這樣嗎？

▍色草

吳大羽　油畫　中國美術館藏

82 — 1984〈我輕輕地敲門〉 俞曉夫（Yu Xiao-Fu 1950-）

　　這一年大陸全國第六屆美術作品展覽上，上海的青年畫家喻曉夫領著我們虔誠地叩開了清末民初海上畫派四位大師的房門，與我們同在一個夢中空間裡拜謁了吳昌碩（中立者）、任伯年（前坐者）、蒲華（後立者）、王一亭（後坐者）。推得門來，古色古香的人文陳設，亂中有致地映入眼簾，四位各具風骨的長者，在幽暗的書房裡與我們久久對視，此情此景，像一組凝固在歷史煙塵中的老鏡頭，令晚生們肅然起敬。此時耳邊還彷彿有「先生之風，高山水長」的繞樑餘音，使我們不敢輕易向前，生怕驚碎了眼前這番濃濃的人文情調。難怪俞曉夫要「輕輕地敲門」了。

　　從地域上講，俞曉夫也可以叫「後海上畫家」，他有優雅的氣質、瀟灑的筆法和懷舊的人文思想，他要輕輕地叩訪這幾位老爺子，並不是作秀或一時的心血來潮，實在是自己的性格使然和自身情感的需要。他以後的發展路子證明了這一點。

　　一九八四年因為有第六屆全國美展，彷彿一個賽場，一下子雲集了大批等待多年的選手，因而一年間產生了一批震撼人心的力作，使得這一年在中國油畫史上成了舉足輕重的一年。同是一樣地佔主流地位的寫實油畫，在這屆畫展上就出現了多種風格各異的新穎版本，讓人們對寫實油畫的現代性前景有了更樂觀的認識。俞曉夫這幅油畫，在整個畫展中屬高貴洋氣之作，雖然畫的是四位布衣，但卻是名震海上、乃至中國的四位聞人，因而總體把握上當然趨向深沉、靜謐的情調，力避浮華的表現。

　　其表現手法，與以往司空見慣的歷史人物畫中的寫實手法也大相逕庭，受光部與背光處和諧整體，在若隱若現中閃爍著神祕的光影。實處法度謹嚴，虛處橫塗豎抹，虛實相生的藝術妙處玩得靈活自如，給人以一氣呵成、又見匠心之感，著實讓人看了心儀過癮。畫中對人物形象、性格的微妙刻劃，和對畫面書卷氣氛的營造，尤見出作者藝術表現的功力和人文情懷的深厚。

　　俞曉夫是傾向於人文的，自一九八四年與四位海上遺老夢中相見之後，又在另一時空裡神交了畢卡索、中國武士和一架架故事叢生的老鋼琴，懷舊之情依然不減。

我輕輕地敲門

俞曉夫　油畫　170×170cm　1984年　自藏

83—1984〈1884年中國沿海口岸‧華工船〉

程叢林（Cheng Cong-Lin 1954-）

　　四川批判現實主義油畫在七〇年代末、八〇年代初崛起時，四川美術學院的程叢林是以反思「文革」，畫「傷痕」作品聞名畫壇的。畢業後他到中央美術學院進行了兩年的研修，畢業展覽時拿出了兩幅一組的油畫：〈1884年中國沿海口岸‧碼頭的台階〉和〈1884年中國沿海口岸‧華工船〉。這兩張畫再次證明了程叢林深厚的創作實力，和追求時空深度的創作方向，也標明了程叢林畫風、畫路的驟然轉變。

　　這兩張畫的出現，帶給中國人心靈上的震動，應該說是空前的，在這之前，中國油畫史上幾乎找不出第二件如此悲天憫人，如此催人淚下，如此震顫人心的巨構。中國清末社會民生的苦難，的確包含著成千上萬向域外渡海謀生的華工的苦難，他們被洋人像販賣「豬仔」一般的運往國外，成為資本主義國家最廉價的勞工，並在那裡終其一生。一百年前的這些「豬仔」船的慘狀被一些洋人拍下了照片，流傳至今，給了後人觸目驚心的一眸。程叢林就是參考了這些照片，再經過自己艱苦的藝術修為，畫成了這兩件傑作。

　　兩件作品成一組，一件是畫送人的人，另一件是畫被送的人，全畫中的人物有近三百人之多，每個人物的神情、姿態都是有血有肉、真實感人之軀，透出一種真實的震撼力，呈現了清末中國社會愚昧、落後的民生狀態。從藝術表現的深度來講，程叢林畫這些生活在社會最底層、最沒有尊嚴的華工，在形象的刻劃上可謂入木三分。尤其在這種大場面的人物刻劃上，程叢林一向是樂此不疲、自有特長的。但這兩件〈碼頭的台階〉和〈華工船〉顯然已超越了他過去畫的〈1968年×月×日雪〉和〈1978年夏夜〉在技術上的稚嫩，有了一付成熟、老練和個性的風采。

　　如果說，程叢林在「文革」題材上有一種強烈的批判、反思意識的話，那麼，這次他畫華工歷史，事實上也是在八〇年代文化反思熱潮，表現出的對中華民族落後歷史的一種文化關注，試圖在視覺形象中找回一段令今人觸目驚心的悲劇場面，從而達到反思深度的遞進。

▌1884 年中國沿海口岸・華工船

程叢林　油畫　185×185cm　1984 年　自藏

84 — 1985〈渴望和平〉

金莉莉、王向明（Jin Li-Li 1959- ，Wang Xiang-Ming 1956-）

　　一九八五年中國的以青年運動為主體的現代藝術大潮，席捲九百六十萬平方公里大地的時候，國際青年年悄然來臨。為此，北京中國美術館舉辦了一次全國性的「國際青年年美術作品展覽」。在中國的青年美術激進思潮如火如荼的時候，舉辦青年美展，是一個巧合，也是一種緣份。所有對過去僵化的藝術創作的不滿都體現在這屆美展中了，尤其是對剛剛過去一年的全國第六屆美展的不滿情緒和強烈反彈。自打一九八〇年第二屆青年美展以來，再次出現轟動的畫展和爆冷門的作品，就算這屆國際青年年的美展了。其中最具代表性、象徵性的要數中央美術學院學生張群、孟綠丁的〈在新時代——亞當和夏娃的啟示〉以及這件金莉莉與王向明合作的〈渴望和平〉。

　　客觀地說，這幅畫在技術上沒有更多令人提神的地方，它的成功在於巧妙地構思和整體的和諧，以及新穎的形式手法。

　　畫面有和平少女、橄欖枝以及近現代世界有名的反戰作品的有機整合，作為主要背景的反戰作品的拼接，自有強烈的視覺效果，這個背景下的和平少女作為世界青年的代表，似在反思著自己的父輩、祖輩時期的戰爭履痕；又似在祈禱：和平來臨，戰爭遠去；也似乎在警示同輩：和平、發展是我輩之義務。

　　應該說，這張畫的教化意義顯而易見，因而他採用的象徵性手法，完全建立在通俗的基礎之上，但整體效果都是現代的、年輕的，毫無陳舊的圖式和語言，畫面的明亮乾淨、簡潔直白，均明白地傳達了作者的構思意圖。現代繪畫中的一些超時空的拼剪手法，和中國宣傳畫的一些構圖因素在這裡結合了，這樣便使畫面有了不一樣的感覺。

▌渴望和平

金莉莉、王向明　油畫　120×90cm　1985年　自藏

85—1986〈收穫季節〉賈滌非（Jia Di-Fei 1957-）

一九八四年大陸全國第六屆美展上，一幅畫風潑辣的革命歷史畫〈楊靖宇將軍〉使賈滌非出了名。

這幅表現派手法十足的革命歷史題材作品，在風格和觀念上都對往昔約定俗成了的革命歷史繪畫有了根本性的突破。難怪在畫展上得了銀獎。

一九八六年「中國當代油畫展」開幕，這是新時期中國油畫大軍第一次舉辦單項學術活動，因而舉辦者和畫家均十分注重學術性，往日在全國綜合大展中大多被題材、思想、內容左右的因素，在這裡並不顯得重要，相反藝術的純度得到高度重視，形式探索和實驗手法在這裡可以施展。從〈楊靖宇將軍〉的聲譽走過來的青年畫家賈滌非，就是在這裡展出了這幅畫風更為潑辣、強烈的〈收穫季節〉，又步入了一個新階段。

這時期的賈滌非，崇尚繪畫過程的偶然因素，並著意在這種偶然中表現出秩序，這種偶然性，使他的每一個筆觸都在跳動，都在尋找一種隨意的力量美感。這樣，整個作畫過程充滿激情澎湃的感覺，包括著這一張畫在內的這一時期的賈滌非作品，無論是風景，還是人物，都是紅燦燦的表現主義和立體主義風格，洋溢著蓬勃的生命力，筆觸、色彩、造型充滿著膨漲感和自然的野性力量。畫中勞動於葡萄園中的人，成了他強調生命、歌頌生命的一種象徵性形象。

賈滌非是相當情緒型的畫家，在這種情緒裡佈滿了藝術的張力和表現的慾望，賈滌非的很多有意思的藝術形式，都在這種情緒中架構出來，這是賈滌非游移於傳統邊緣時紮根於現代造型體系中的結果。現代社會的自由天地在賈滌非取得榮譽後，給他提供了更多更方便的實驗與想像的空間。自從畫完這張「收穫季節」等系列作品之後，賈滌非的隨機性和想像力便一股腦地衝向了詭譎、趣味的另類天地，又跳躍到了一個更先鋒的領域。

▌收穫季節

賈滌非　油畫　120×98cm　1986年　自藏

86 — 1987〈北方姑娘〉楊飛雲 (Yang Fei-Yun 1954-)

在熱鬧的八五新潮反過傳統之後，很多激進的人們突然發現有人在潮流中歸然不動，相反在傳統的路上心平氣和與有滋有味地走下去，居然還走出了自己的一片天地，譬如楊飛雲。

說楊飛雲傳統，也盡然，說楊飛雲現代，也不無道理。楊飛雲就是這樣一個用古典元素來編織現代成果的人，其藝術行為與那種在八五新潮期間大破大立的小將們大相逕庭。

在新潮烽火燃遍舉國上下的時候，楊飛雲非常冷靜和理智。他有善待傳統的平和心態，在反傳統的聲浪黑雲壓城的時候，他卻看到了傳統對他現在、未來藝途的重要。於是泰然自若，沉潛下來，慢慢吸納傳統中被當代小將們不屑的東西，然後以每年兩張或三張的溫和節奏推出自己的古典風格作品，與靳尚誼們不謀而合地形成一種學院群勢，最終讓人們看到了古典油畫的再生價值和現代性的藝術前景。

一九八七年中國油畫展在上海舉行，這一屆油畫展與一九八五年舉辦的「當代油畫展」不同的，被確定為第一屆有制度性的中國油畫展。因而它的評獎和評獎結果不可小視。楊飛雲的〈北方姑娘〉在展覽中耀眼奪人，學術性強，被評為優秀獎。從那以後至今，這件作品一直被視為中國油畫古典風高潮時的一件傑作。它的奪獎，從另一方面說明了八〇年代中後期油畫古典風，在油畫界的增值現象和普遍認同度，而這一切的得來跟楊飛雲的執著和出色超群的技術有直接關係。

楊飛雲在油畫創作上，一反常態，選擇了非常促窄的親情題材，在早期畫過一些身邊的朋友肖像後，就一門心思的面對自己的妻子，有滋有味地畫了十年，迄今仍是愛心如故，仿佛在妻子「題材」中有畫不完的好感覺。這種「本份」勁使他很早就確定了自己的藝術圖式，並且表現出了肖像畫中最講究的心靈內涵和技巧深度。這一點與他的老師靳尚誼有些區別。靳尚誼的肖像包容了不同的行業和性格，甚至有歷史的縱深感或人文理想。

相比之下，楊飛雲顯得更內向，似乎缺少社會激情。然而這個社會著實又需要精緻、唯美和內秀的圖像，楊飛雲應運而生，也因而得到廣泛好評，這實在是楊飛雲的個人選擇中暗合了中國當今社會中普遍的審美流向，也相應帶動了中國油畫的技術性進程。至於油畫中回答或觸及了多少當下問題，楊飛雲並不特別在意。

▌北方姑娘
楊飛雲　油畫　70×80cm　1987年　自藏

87 — 1988〈一座堅固的城堡〉丁方（Ding Fang 1956- ）

丁方出道於八〇年代初期，成名於八〇年代中後期，是八五新潮的主將之一。一九八〇年，他還在南京藝術學院美術系讀本科的時候，就在中央美術學院展出了他赴西北高原歸來時所作的大量素描作品，後經《美術》雜誌介紹，曾一度風靡全中國，捲起一股西北風。這批素描有米勒的溫淳、樸拙，又有凱特・珂勒維芝（Kathe Kollwitz）的力量、悲憫，丁方未來的藝術風格和思想起點大抵從這時期開始。他一九八三至八九年的油畫，即是在這種基礎上來表現農夫與土地、廢墟與歷史的。這一系列油畫無疑構成了八〇年代中後期中國新潮美術中的一道強勢風景，丁方也由此成為美術界備受矚目的人物。當然，九〇年代後的丁方，則越來越走向了宗教和內省的境界。

丁方是陝西武功縣人，一九五六年出生，並在那貧脊的黃土高坡上度過童年。爾後隨父母遷居南京，並在南京讀完了本科和碩士。因而當他萌生文化思考於圖式之中的時候，很自然地把目光投向了陝西的土地、農民和城堡，那裡有被文明遺忘的角落，有悲壯的生命意志，有幽魂未散的殘垣土壁。這一切久而久之便成了他頭腦中凝固成像的造型符號，由此形成了他創作中的理性趨向，使得丁方在自己的油畫中佈滿了思想的空間和文化的玄機，一向以賞心悅目或教化要求去看畫的人們，在丁方的畫面前都會受到一種非常理性的震撼，迫你去尋思好多由畫中透露出的文化信息，從而得到一些深度賞畫的愉快。這時期，又恰好是「文化年」，東西方的文化問題，在社會中普遍成為人們討論的主題，這與後來九〇年代的消費文化形成鮮明的對照。

〈一座堅固的城堡〉是丁方一九八八年左右所畫的廢墟圖像系列中的一幅小畫。此畫雖小，卻有大畫的氣象和架構，厚塗厚堆、堅實的筆觸、灰暗的色彩和樸拙厚重的城垣，把人們指向遙遠的歷史空間，一種在大畫中才能釋放出的力量，在這幅小畫中卻有充分的表現，然而筆觸和情緒卻絲毫沒有受到拘束，讓欣賞者感到一種酣暢與沉穩圓融無跡的繪畫美感。

丁方選擇城堡為圖像，應該說是它的悲劇力量和歷史沉澱選擇了丁方，丁方具有的濟世思想和英雄主義情結，這一點不容懷疑，如果僅從面相學上來看，丁方也是這付模樣：深沉、憂鬱，一付憂國憂民的神情。也許，在丁方的內心裡，這種飽經歷史洗禮的城垣，定格於畫面中，與當代中國的文化熱是最默契的精神圖像，用他的話說就是：「一種說不出的歷史苦味，貫穿於我所感受到的東方命運之中。似乎歷史的過去、未來、現在都在這渺小的生命個體中被強烈地體驗到了。」基於此，他極力在圖像的精神層面上，為人們提供這些能觸動靈魂的藝術欣賞的機會，從而為他人，也為自己避免在藝術方面的墮落。

▌一座堅固的城堡

丁方 油畫 75×62.5cm 1988年 自藏

88 — 1989〈吉祥蒙古〉 韋爾申 (Wei Er-Shen 1956-)

　　八五新潮的反傳統思潮如果說有消極面的話，那就是對技術的輕視，用當時的時髦語，即是手和腦的倒置，觀念第一，技術第二，這種風氣對西方油畫傳統的實質性進入具有好幾年的阻隔作用。因而八〇年代後期，人們發現這種對技術的忽視風向；將要成為中國油畫前進的阻力的時候，對新潮美術的反彈之風也因勢而起了。

　　於是，許多學院裡的畫家開始熱衷於對技術語言的補課，甚至是很枯燥的傳統材料學的進修課。這個過程，當然地就直接產生了一批講究材料、技法的油畫作品。一九八九年在「全國第七屆美術作品展覽」上評出的油畫金獎作品〈吉祥蒙古〉，即是評委們對這一時期技法熱的一種正面認同的結果，也是對剛剛崛起的東北油畫現象的一種肯定。

　　所謂東北油畫現象，是指以魯迅美術學院為中心的新具像畫風的畫家群勢，如韋爾申、劉仁杰、王岩、宮立龍、薛雁群等，其中韋爾申是領風騷的人物，一九五六年出生的他，現在已做了魯迅美術學院的院長。東北的新具象與中央美術學院的具像寫實不一樣，他呈現出的是一種普遍的硬邊造型手法，人物頂天立地，大而飽滿，似雕塑一般靜穆，表情中性，似有形而上或調侃的意味；在畫風上頗為傾向於南美，而不像中央美術學院的歐洲風尚。

　　如果說〈吉祥蒙古〉摘了金獎對中國油畫的意義是什麼，回答自然很簡單：在肖像畫中樹立了一種精神性的圖式，改變了油畫肖像創作的再現模式；另外，技術的穩健和地道，使油畫的現代表現進一步貼近了傳統的真諦，使中國油畫獲得了更紮實的進步。

　　韋爾申受拜占廷圖式和精神意味的影響顯而易見，對歐洲十三、十四世紀宗教繪畫中的多種材料、手法（如濕壁畫、蛋膠畫和傳統油畫）的研究，恰是他在一九八七年攻讀碩士期間的主要課題，這種努力與當時中國油畫向技術語言轉型的趨向又恰好暗合，因而派上用場，成了一種造型具像風格的代表。

　　然而，就以蒙古題材的選擇和畫成肅穆的狀態而言，韋爾申執意認為凝固、穩定的狀態是繪畫表現之所長，惟有這樣才能畫出更本質、更好的圖像。至於運動、鮮活的圖像狀態，則實在是影視、文學的優勢。因而韋爾申把對蒙古民族的祝福集中在一個永恆、深沉的圖式裡，這樣，在視覺上即可以引起人們更多更美好的想像。這要比活潑的圖像更有意味，也更耐看。

■ 吉祥蒙古

韋爾申　油畫　140×160cm　1989年　中國美術館藏

89 — 1990〈**90No.1**〉 **方力鈞**（Fang Li-Jun 1963-）

一九八九年，中國美術館舉辦的「中國現代藝術大展」宣告了八五思潮的落幕，隨後中國現代藝術走入了另一個新階段。這個階段的開端之風，即是從一九九○年開始，中國青年油畫家中的很多人均不約而同地興起了一股調侃的語式，「八五」期間的那股文化味和沉重感被這個突如其來的語式稀釋得像高原上的空氣一樣稀薄，畫壇上的大片空間一下子變得無聊和嘻哈起來，一批出生於六○年代的新生代畫家們登上了畫壇，並且成為主角，把八○年代的中國現代美術形態完全改變了模樣。評論家把這股風叫做「後八九現象」或玩世現實主義。其中可歸為兩支隊伍的風格，一是以方力鈞、劉煒為代表性的「潑皮」群；一是以劉曉東為代表的「近距離」的新生代。

這種現象的出現，與整個社會文化風氣的轉變幾乎是一致的。文學界的王朔們不就是跟美術界的方力鈞們一模一樣嗎？文學家王蒙把這股創作潮流概括為「回避崇高」。過去文藝創作中的許多正統觀念和功能，在這批橫豎不正經的畫家群身上受到了前所未有的顛覆。這批沒有經過文革，沒有遭受過上山下鄉之苦的六○年代出生的人，他們在陽光燦爛的日子裡享受著毫無激情的生活，甚至還無聊得麻木，什麼主義、思想、文化在他們筆下的人物身上全都變了味，全都成了調侃、嘲弄的形態，讓習慣了「崇高形象」和「喜聞樂見」的人們大失所望。

然而，在這種新風尚引來人們批評的聲浪中，方力鈞的自圓其說也很驚人：「人說藝術家是人類靈魂的工程師，難道人的靈魂不是生來平等的嗎？這特別牽強太做作、太狂妄。」「為什麼我們是失落的一代？這是扯淡。只是因為別人想讓我們像他們希望的那樣思想、生活，好像我們只像他們養的大肉鵝一樣滿足他們的私慾。而我們卻偏不。既不按他們規定的模式生活，又不拿他們一樣的俸祿，卻又偏偏不餓死，比他們更有錢、更愉快……」這種痞氣十足的話語與方力鈞畫中那些光頭「傻冒」的德性是一致的，他們從不把自己和自己所做的一切太當回事，只是一味地將日常化的素材拿來「搞笑」，這實在是新生代和新人類年齡層的畫家們普遍的一種心態，與中國主流的藝術形態，各自形成了半壁江山的局面，從社會文化學的角度來看，我們還不得不正視這個局面。

這撥思潮剛出來時，敏感的批評家栗憲庭便抓住了它，並將之推到國際層面上，很快使之成為受國際關注的中國前衛藝術的代表性思潮。九○年代中國文化向平民化和消費方向轉化的代表，均集中在這撥新生代畫家的藝術行為上。因而，現在國際藝壇上的一些人士，從文化社會學的角度來把脈中國現代藝術的變化，也不無道理。

▎90NO.1
方力鈞　油畫　99.2×99.2cm　1990年　自藏

90 — 1991〈踏春圖〉劉曉東（Liu Xiao-Dong 1963-）

　　從年齡上來分，劉曉東與方力鈞都同屬新生代，在創作觀念上有相同的地方，那就是百無聊賴的生活狀態和著意調侃的意味。但若將劉、方二人拉在一起，卻明顯不合適。這種不合適，打個比方來說的話，那就是方力鈞是根植於胡同、大雜院而生發出的最市俗化文化狀態，劉曉東則是圍牆中學院教養下具有的生活化狀態。

　　劉曉東一九九〇年出道的時候，其畫作就已經帶有了很普遍的社會文化性，已經體現了八五思潮過後中國現代藝術轉型的文化特徵。一九九〇年藝評家尹吉男用「新生代」冠之於劉曉東的頭上，並相應類聚了一批畫家，頓時帶起了一個頗有人氣的「新生代」族群和藝術畫風。

　　這撥「新生代」畫家，盡畫自己身邊熟悉的朋友們，在他們的畫筆下，這種生存狀態中的種種形象、行為，真實地體現了這一代人的人生觀和價值觀，他們及時行樂、孤寂無聊、嘻笑怒罵，意義和崇高這種主流的人生內涵，在這種生活狀態中已完全被消解。新生代的劉曉東，正是要把這種原生狀態的社會層面毫無藝術修飾地、赤裸裸地畫出來，毫無著意創作的痕跡，將一種當下的真實向社會呈現出來，以此打破美術創作中幾十年來的集體慣性。

　　劉曉東與新生代的很多畫家都是美術學院的教師，接受過很多年紮實的學院訓練，他們不管在作畫觀念上有多麼的另類，但在技術上卻是相當令人服膺的，這當然是他們在畫法上能迅速站穩陣腳，為行家們所承認的重要條件。劉曉東從借鑑佛洛伊德入手，這在九〇年代初是相當現代性和為人鮮知的楷模，劉曉東就是在此基礎上再派生出自己的方式、特點的，這當然就很容易令人刮目相看，最終逐步形成了劉曉東式的直接、肯定、飽滿、流暢的筆法特點，人物更是有當代青年的性格，給觀者一種似在周遭的親切感。

　　這種親近感，劉曉東也承認不適合用傳統的解讀作品方式來對待，因為它只是一種客觀狀態，對觀者而言有多種感受，或能在畫面中看到自己，反正尋到開心就行了，當代影視作品中這種純客觀呈現的手法已很普遍，劉曉東只不過是這種文化潮流在美術界的一個反映而已。

　　〈踏春圖〉畫的就是他身邊常見的熟悉的青春故事，劉曉東的這一段陽光燦爛的日子，在當代青年人的生活中司空見慣，但搬上畫布後情境就大不一樣。畫面中的這些人，一方面開適自在，從容不迫，很有風俗畫的情致；另一方面在笑聲、開心的背後又透出深深的無聊感，整個人際氛圍洋溢著一股淺薄的市俗氣味。然而這一切卻是真實的，他們在乎自我，在乎新的一天，在乎跟著感覺走的那一刻。這究竟對社會進步是陷阱，還是福兆？誰也說不清楚。但是他們的行為和態度，為社會提供了一種真實的青年人的圖像，卻讓你不得不正視。

▌踏春圖
劉曉東　油畫　230×180cm　1991年　自藏

91—1992〈流行運動〉喻紅（Yu Hong 1966-）

　　喻紅，劉曉東的妻子，新生代畫家群中的大姐級的人物。夫妻攜手相隨，共同走著一條相互打造出的新生代之路。

　　喻紅、劉曉東的作畫出發點，完全可說是近墨者黑，彼此相染。不同的是，喻紅更嫵媚、驕寵和時尚一些，女性的角色意識也多了起來。而且很喜歡在每幅作品裡都設定一種主色調，這種更換色調的做法頗像商店裡佈置櫥窗顏色一樣，既要單純、醒目，又要流行、艷俗。對此，喻紅有很多女性的自覺，因而在觀察上和選擇對象上，都帶上了一種女性和母親眼光的打量。

　　九〇年代開始，流行全中國上下老老少少之間的呼拉圈，幾乎成了一項很應時的大眾性的娛樂健身運動，作為街頭文化觀察者的喻紅，自然不會放過這個頗有流行文化意味的現象，僅一九九二年就畫過兩張，〈流行運動〉即是其中一張。這張畫以藍色為主調，單純的藍色只做深淺的明暗變化，呼拉圈和腳下的投影直接用純紅色勾畫和塗繪，這本身就很時尚，與傳統畫法格格不入。再看那幾位搖晃腰身、悠然自得玩著呼拉圈的姑娘，十足的九〇年代青年人的生活神情和當代都市的風俗圖像。若干年後，若要認識九〇年代中國當代青年人的生活狀態，新生代及喻紅的這些油畫，無疑是一批信得過的「史料」。

▌流行運動
喻紅　油畫　179×174.5cm　1992年　自藏

92—1993〈魯迅之死〉馬曉騰（Ma Xiao-Teng 1967-）

　　一九三六年十月十九日魯迅先生去世時，受他直接教誨過的許多青年作家、畫家，都趕到魯迅的病榻前和殯儀館瞻仰導師的遺容。其中在病榻前和殯儀館為魯迅畫下遺容的就有力群、司徒喬，後來將魯迅遺容創作成木刻的還有黃新波和趙延年。這些作品都在當時或後來的報刊發表過。司徒喬的那幅用竹管筆畫出的魯迅遺容，恐怕是最為人們所熟知和難忘的一幅傑作了。這些作品直率草逸，各有性格，但卻都有一個共同特點，那就是像新聞記者一樣，用樸素的筆調記錄下魯迅入殮前的遺容，嚴格說是遺像作品。但仔細想來，以魯迅之死或悼念活動的題材來作畫實在又很不容易畫，尤其是在一九四九年後的中國大陸，魯迅的地位如日中天，誰要想畫出有新意的魯迅作品，定會有許多有形無形的束縛。

　　正因為如此，幾十年來，魯迅形象的作品汗牛充棟，但都是青一色的戰鬥的魯迅和求知的魯迅形象，作為悲憫、人情世界的魯迅從未見過。幾十年來，魯迅在社會中成了一個走不近、被神話了的人物。

　　這幅以悼念魯迅之死為題材，由中央美術學院油畫系畢業生馬曉騰畫的〈魯迅之死〉，是第一幅用眾多的社會關係來表現魯迅病逝，這一令人悲痛的情節的油畫作品。當然，從畫面的構思和人物、構圖的處理上，看得出作者馬曉騰是做了一些突破性的嘗試，有意打破一些禁忌，將魯迅剝離神壇，還回生老病死的人間，用他認為恰當的理解和表現手法畫出中國文化界悲痛的那一天，以及這一天中國文化界名流雲集的大時代合影。畫面中有宋慶齡、沈鈞儒、蔡元培、史沫特萊、馮雪峰、許廣平夫人及兒子周海嬰。他們都不高大偉岸，也不怒目橫眉，但卻真實感人。

　　值得說的是畫面構圖的別緻，上半部橫架著上海蘇州河上的鐵架橋，似黑雲壓低了外灘的天空，下半部是方形聚集成塊狀的各種蕭穆而立的圍繞著魯迅的悼念人群，色調呈凝重的鐵黑色，臉部的中間色調和幾處灰白的服飾色塊穿插其間，使畫面沉中透氣，又有了節奏。用筆和塑造介乎寫實與表現之間，給作者留下了自己闡釋人物性格的一定空間，從而達到了歷史畫也能強調個性，也能主觀表現的藝術境界。

　　中國有太多的人文苦難，畫家在這方面可做的事還很多，馬曉騰在這方面率先做了一個很好的嘗試。

■ 魯迅之死
馬曉騰　油畫　尺寸不詳
1993 年　中央美術學院藏

93 — 1994〈大批判・可口可樂〉

王廣義（Wang Guang-Yi 1957-）

　　王廣義成名於八五新潮時期，那時他是「北方藝術群體」的重要戰將，有了這個光環，他的任何行動，在中國前衛藝術運動中都備受關注。九○年代他告別了「八五」時期的作風，開始了一個新的圖式旅程，也一樣成為了中國前衛藝術中的一道強勢風景線，構成這道風景的想法可謂絕矣。一九九○至九四年，王廣義集中畫了一批「大批判」的系列作品，一改過去他極力推崇的旨在表現凝固北極的冰冷、遠離現實生活的理性繪畫，很平面性地把他對外來商品大量進入中國，造成文化與商貿侵害的敏感，用解構的手法表現出來；把普遍存在於中國人集體記憶的「文革」大批判圖像，像商業廣告一樣印上了外國商標和很多的數字，一下子就給這些作品標上了政治解讀的符號，引來人們的大量誤讀。

　　這實在是王廣義聰明絕頂之舉。九○年代的社會文化問題對每個藝術家而言，想必都有程度不動的感受或觸動，但像王廣義這樣將「文革」大批判這麼中國化的記憶和符號信手拈來，對應了中國當下的文化問題，卻實在不多見。

　　然而，從油畫的角度來評判，「大批判」系列的語言和技術實在簡單不過，其過程就像當年畫街頭大字報宣傳畫那樣平塗勾線，但他的這種解構創造無可否認，給他獲得了強烈的個人圖式，還帶起了一股政治波普的思潮，引來了海外策展人、藝評家們的出於意識形態式的解讀，於是頻頻受邀請展示於國外，並逐漸拓展了國內外的市場空間。王廣義畢竟是五○年代出生的人，他對主題的調侃、解構，終究不像新生代畫家們那樣嘻皮，而是烙有明顯的文化問題或意識形態的痕跡。

　　美國的商業文化在九○年，佔走了中國大陸消費市場的大半塊份額，從影視到香煙、食品，到處可看到青少年的視覺空間裡，充滿了好萊塢大片的曝棚效應和動畫卡通的喧囂，「肯德基」、「麥當勞」、「萬寶路」更是佔據著中國城市商業的黃金地段，培養著新一代的西餐族。對此，王廣義是相當敏銳地感到這之中凸現出的文化問題，當代藝術的文化針對性，最終在王廣義的形象符號中，訴諸成了一個系列的對各種洋品牌的中國式批判。當然，這種批判是文化的、個體的和詼諧的，而不是行為的口號的批判。

大批判・可口可樂

王廣義　油畫　200×200cm　1994年　自藏

94－1995〈世紀風景之二〉**冷軍**（Leng Jun 1963- ）

中國油畫的寫實傳統，這一百年來一直呈上升發展的態勢，一撥一撥的後來者把寫實的陣容不斷擴大，把技術發展到居於亞洲之最、世界前茅的程度，這種寫實優勢在近幾年，甚至出現了極端寫實的高手，比八○年代初期的羅中立，後期的楊飛雲還要顯出絕活。湖北的冷軍，即是這批極端寫實高手中的重量級人物，與另外幾位湖北的寫實高手，如石衝、周向林一同組成了一個專玩寫實絕活的陣容。九頭鳥，出人才，果真名不虛傳。

一九九三年，他展出於中國油畫年展的〈文物——新產品設計〉和〈網——關於網的設計〉，幾乎給人以假亂真的感覺，對象的寫實程度和能力幾乎可說前所未有，就這，冷軍一下子異軍突起，站在了一個寫實的制高點上，令人們可望不可及。

冷軍，這名字就跟他的極端寫實畫風一樣，有了太多的聯繫，首先畫風、選材冰冷、理性，每一個部位的描繪都算計得天衣無縫，塑造得無懈可擊，整個過程均是在一種極其冷靜、有序的狀態下才能完成，稍為煽情就失去了那份文火相熬的妙處。

後來據說冷軍患了眼疾，近視高達九百度，還有輕微散光，這對一個頗費眼力的超寫實油畫家來說，再這樣細膩下去，恐怕已沒有更長遠的指望。於是，在有意無意之中，冷軍選擇了一種無需太費眼神搞亂真效果的實物拼貼油畫，連續創作了好幾幅的「世紀風景」系列。相對於他擅長的超寫實油畫來說，這批拼貼的異樣油畫，卻使冷軍找到了一種更大的關懷世界的方式，才開始顯示出了冷軍的思想力量。

站在當今世界地區衝突加劇、民族矛盾上升的當間，尤其是二○○一年震驚世界的「九一一」恐怖事件過去不久的今天，來看冷軍的「世紀風景」的之二、之三，真是感觸良多，彷彿冷軍用他獨特的造型手法，提前給我們人類指出了世界的脆弱性和不堪一擊。冷軍的世界風景就是這樣冰冷、支離破碎、毫無生氣。畫面中拼接的實物都隱約地暗示出戰爭、坍塌、荒蕪的災難信息，讓面對它的人們佇足沉思，從這新奇的手法中尋思這個世界的問題。

患了眼疾的冷軍，不知是否真的因為眼力不濟，而選擇了這些粗鐵爛石塊來構成他理解中的世界，和繼續從事他的藝術表達，如果是，或不是，又怎麼樣？似乎都不重要，因為人們再也不會去顧及這些與解讀畫面毫不相干的問題，而會去關注這種圖式的當代意義。

▎世紀風景之二

冷軍　實物拼貼　200×150cm　1995年　自藏

90 ─ 1996〈畫室〉戴士和（Dai Shi-He 1948-）

　　八〇年代中期，四川人民出版社出版了一套《走向未來》叢書，在中國的知識界打響了知名度，尤其是在大學生讀者群中出現了熱銷現象。這套二百餘本的小白皮書，涉及了政治、歷史、經濟、藝術、社會學、哲學等多種門類的選題，其中就有戴士和寫的一本《畫布上的創造》，他本人也是這套書的常務編委，其中不少書的插圖和裝幀設計也是戴士和的手筆。

　　戴士和是學者型畫家，這不僅是因為他著書，寫文章，畫得一手好畫，還是因為他相對一般畫家而言，有更多的人文關懷，性情儒雅，傾向於藝術實踐的趣味化和人文化的治藝之路。他信手灌注於表現對象中的書卷氣和人文味，往往使很一般的自然物象，超越了原來的狀態而有了雋永耐看的意味。他畫黃河，畫窯洞人家，畫美院舊址，畫自己的書房、畫室，畫再普通不過的油畫架，畫北京的前門、故宮，畫南國、北國的土地與森林……無不流露出這種特點。

　　用文學來做比方，戴士和的畫是詩，但絕不是史詩，間或有些敘事，但總體上是抒情的、浪漫的，而且還往往生造著自己的句式，讓人讀了出乎意外，暗自叫絕，過目不忘。這是有學識的人所持有的一種自信和調皮，一般缺少學養氣質的小角色做不出來。「八五新潮」的時候，他絕對是弄潮兒，但沒有暈，一九八八年便悄然離開了新潮畫壇；這個魚龍混雜的名利場，去蘇聯列賓美術學院進修了。這一去，他更堅信了自己的趣味，真誠地畫自己感動的物象，哪怕是很平常很普通的東西，他都會畫得興味盎然，經營得大大方方，而欲罷不能。所以他很多小畫，能呈現出一種即興、鮮活的狀態，看似不完整，但實是意到興足，再不可添加一二多餘之筆。

　　說戴士和儒雅，實際也不盡然。他另有豪爽豁達的一面，他用筆大方肯定，從不含糊，思想和追求的痕跡流露於畫布上清清楚楚，總是讓人看到畫家的那份畫癮、激情和想法。

　　一般說，「另類」特指八〇年代出生的這一撥「新新人類」族，他們的思想、言行與社會中常規的理念逆反。其實戴士和也是一位與常規理念格格不入的中年另類。這也許是他勤於讀書、思考和悟性敏感所致。他作畫往往會是這些獨到想法的視覺表白，或實驗過程。但他畢竟有豐富的藝術閱歷，不可能單憑衝動，激進地去行事。因而看戴士和的畫，會慢慢看出一種平淡出奇的審美感受，看到才華的光亮和真諦。

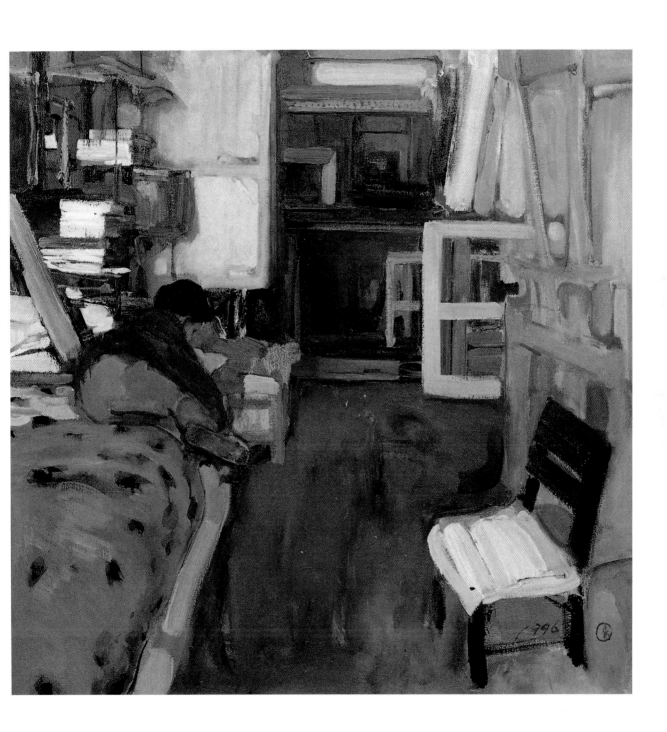

■畫室

戴士和　油畫　尺寸不詳　1996年　自藏

96 — 1996〈秋天的陽光〉申玲（Shen Ling 1965-）

　　中央美術學院油畫系四畫室，是順應二戰以後現代藝術在世界的發展趨勢，而設立的專門在高等美術學院培養現代藝術人才的院式大本營。這個大本營裡有幾位才華橫溢的女將值得關注，如申玲。如果說在九〇年代要找出三位最有影響的新生代女畫家的話，申玲無疑是數一數二的大姐級人物。

　　申玲是東北姑娘，從相片上看，具有憨厚、豪爽、活潑、我行我素的勁兒。看她的畫，的確畫如其人。她是新生代畫家，對在自己身邊發生的瑣碎小事、情節津津樂道，當然是用畫筆，而不是嘮叨的嘴。

　　她所畫的事都很小，卻是用了大手筆和狠勁，在重顏色的底子上，用亮色筆觸刷刷直下或轉塗疾寫，其痛快感，讓人看了好生羨慕。申玲畫畫有果敢的帥勁，是地道的直接畫法，幾乎筆筆見痕跡。從不要所謂的技巧，有情緒就放筆直書，每一筆都仿佛清脆響亮一般，顏色均保持一定的純度，一種發自真誠的青春活力，在她的作畫性格中和畫面本身的形態中坦然可見。

　　當然，這種反技法的作風絕對需要扎實的造型基本功和色彩表現能力。她作畫過程中的率直、大膽，都來自多年的學院教養、經驗和感覺。獲得了一定圖式和找到了順應自己的感覺後，申玲的自信、從容已完全體現在她把握作品的整個過程中。她想都沒想過要苦思冥想地去找別的什麼題材，她身邊的一切——朋友、老師、親人——畫都畫不完，而且都那麼充滿了生活的情味，信手拈來，皆成妙趣。畫同學夏俊娜、畫丈夫王玉平、畫兒子、畫自己、畫自己的課堂、畫自己的老師葛鵬仁……沒有一樣不是有意思的平凡。很多人畫畫已養成千里迢迢找生活，找題材的慣性，對自己身邊的生活往往視而不見。對此，胡風很早就批評過，認為「處處有生活」，這確是至理名言。現在看來，在很大程度上，新生代畫家用實踐驗證了它。

　　葛鵬仁是四畫室的主導老師，在學業上引領申玲推開了現代藝術的大門，在事業上又是她忘年的同道。基於此，她也要畫一張自己的、個性的，不在乎把彼此畫「醜」的肖像，只要符合「心」意，有生活狀態，有意思就成了。

▌秋天的陽光

申玲　油畫　145×112cm　1996年　自藏

97－1997〈我的書案〉 鐘涵 (Zhong Han 1929-)

　　好多年前，我在《光明日報》的副刊上陸陸續續讀著一個名為「我的書齋」的系列徵文，撰文的作者均是當代中國一些德高望重的文化老人。他們都用深情的筆調寫了自己對書房的嚮往和曾經有過的居室窘況的無奈，有的還透過對書房的幾易變遷，寫出了文化人的閱歷滄桑，以及人隨時代俱進的歡樂。每期我都讀得津津有味，還把它剪下來貼好收藏。

　　相對吃文字飯的作家、學者而言，畫家多數人主要講究的是畫室，只有少數人渴望書齋。多年來我過眼的美術作品中，將這種渴望之情表露於作品的有一些，但不多見，充滿人文情感的就更少。一九七九年北京「星星美展」中馬德升的木刻〈六平方米〉表現的是畫家的畫室狀態和隱含於其中的自嘲；一九九〇年戴士和的〈書房〉則使用了畫靜物的筆調，來讚美畫家生活中的書卷情趣；鐘涵的這幅〈我的書案〉顯得侷促、簡樸，桑榆之情繫於案上，有眷戀，也似有牢騷。

　　鐘涵是學者型畫家，早年就讀清華建築系，後轉道中央美術學院油畫系，算是改了行，但濃厚的人文興趣和寫作習慣依然如故，與他的油畫專業並行了幾十年，如今，他在繪畫與文字方面都已碩果累累。他對窗明几淨、寬敞井然的書齋的憧憬定然是由來已久，有所思，便有所為，久而久之，書房成了一種情結，對之良久，繪於筆下，便有了一種超越靜物或風景實錄的人文境界。一個老知識分子沖淡平和的心態和對自己書齋生活的自憐、自嘲複雜地揉在了這種圖像的人文情愫裡。
鐘涵有很高的中英文修養，讀書極多，又博聞強記、勤於筆耕，他許多精彩的文章和筆記、書信、譯稿都寫於這張投灑著半束陽光的小桌，窗外掛著的衣什物架還是那樣的清晰可見，遮住了一些光亮。灰調子中映著晴天的光照，一股生氣躍然畫上，讓人隱約感到其中蘊含著的知識分子的簡樸情趣和文化尊嚴。

　　鐘涵因一九六三年畫〈延河邊上〉而成名，八〇年代後，有多次機會遊歷國外，觀畫悟道，文筆畫筆相得益彰，在兩股道上從容信步，一直未敢閑置過，相反有一種桑榆晚道，欲與時間賽跑的緊迫感。九〇年代後畫風愈來愈老辣，情趣越顯人文、厚道，境界越見沉雄、滄桑，自我的心境完全融在了畫裡。〈我的書案〉讓人看了有所觸動，其妙處就在這裡。

我的書案

鐘涵　油畫　100×100cm　1997年　自藏

98 — 1998〈黃河〉 **段正渠**（Duan Zheng-Qu 1958-）

　　九○年代中後期，新生代的調侃藝術和艷俗群體的畫風不再為大家關注，大抵走完了它大紅大紫的歲月，進入自己應該有的平和平靜的空間。在這種餘韻下，一種講究精神力量的畫風又開闢了一種正經嚴肅的平台，而且這股勢力還不小。如許江、戴士和、閻平、段正渠、徐曉燕……

　　段正渠的成名作是一九八九年展出於「全國第七屆美術展覽」的〈紅崖圪岔山曲〉，他那魯奧式的粗黑手法，使油畫界認識這麼一個來自河南的青年畫家，後來每年他都有新作問世，而且風格手法一如既往，越來越老辣，這樣便堅定地鞏固了他在油畫界的地位，與他弟弟段建偉一同被畫壇稱為「河南二段」。

　　一九九八年畫的這張〈黃河〉同樣值得注意，同樣可看成是九○年代末有代表性的中國油畫。不僅因為它參加了「當代中國山水畫油畫風景作品展」，還因為在世紀末的中國畫壇上，它象徵了一種亢奮的生命力量。

　　九○年代中國水墨畫界有新文人畫思潮，陰柔之氣日盛；油畫則瀰漫著嬉皮之風，這當間、這個社會好像再也沒有嚴肅、正經的時候，這時節，段正渠的西北風吹來了一股野性的魂魄，與都市的風尚形成殊然不一樣的生命形態。一九八七年他在廣州美術學院畢業後去了陝北，在那個蒼涼、雄渾的黃土地上，他找到了自己之所以要畫畫和表達的所在，也為此，他選擇了魯奧的手法。這個開始，意味著他找到了自己畫油畫的歸宿，由此往後，陝北成了他取之不盡的創作資源。

　　〈黃河〉是段正渠形成自己風格數年後的成熟之作，他擅用的黑色和刮刀筆觸的技巧也漸入爐火純青之境，絲毫沒有下刀用筆時的片刻猶豫，簡直是一個無拘束的自由天地，彷彿黃河的咆哮洶湧容不得他精描漫寫，於此，才有了這般大手筆。是的，段正渠著意於「勢」，刀、筆和色彩都圍繞著這個大「勢」而進行，其餘的一切小節都是多餘和不必。但仔細看進去，段正渠的這種奔放潑辣，卻是相當有節制的、講究的技法行為，暗藏著多年的經驗和造型能力，以及一種天賦中特有的膽氣。段正渠並不是在黃河邊上看了一次船夫號子就偶然得之，而是偏愛這個主題或圖式。從一九九四年起到二千年，他相繼畫過不下五幅黃河船夫浪遏飛舟的油畫，當然，最精彩的還是這一幅黑雲壓城城欲摧的〈黃河〉。

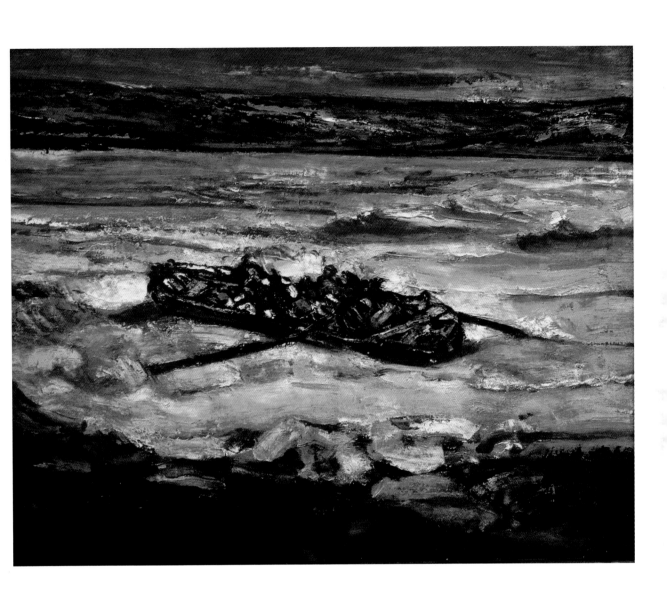

▌黃河
段正渠　油畫　81×100cm　1998年　自藏

99－1999〈廖靜文女士肖像〉馮法祀（Feng Fa-Si 1914-）

　　在一九九九年能看到年近九十的老油畫家馮法祀如此精彩的新作，實在是令人高興的事。記得一九九四年在北京舉辦的第二屆中國油畫展（第一屆是1987年的上海油畫展）上，馮法祀展出了他畫於一九八九年的〈呂霞光夫人像〉，此時的馮先生已是七十五歲的老人，然而從畫上筆觸的靈活和力度、色彩的敏銳和構圖、塑造形象的嚴謹來看，絲毫沒有老邁之態，相反顯得那麼精力充沛、感覺良好。

　　接著馮法祀又在一九九六年的「中國油畫學會首屆作品展」（中國油畫最高學術機構）上展出了畫於當年的大幅油畫〈護士的早晨〉，再次讓人們領略到一個八十二歲高齡的前輩如此年輕的心和創造力。再來，一九九九年已八十五歲的馮法祀又畫了這幅流光溢彩的〈廖靜文女士肖像〉，真是讓人感到才情未老、桑榆未晚。

　　馮法祀是徐悲鴻在中央大學藝術系時的學生，一九三七年畢業後直至一九四九年做為北京國立藝專地下黨，對影響徐悲鴻留在北平和讓藝專不遷台有很大影響。在徐悲鴻的眾多弟子中，就數馮法祀最具革命經歷和左翼思想，從他的相貌看，即可看出他一身的革命筋骨。抗日戰爭前夕他參加過紅軍，抗戰開始後在武漢政治部三廳工作過，居然還去過延安魯藝當過學員，隨抗敵演劇隊四隊、五隊輾轉於桂北一帶……這麼一種經歷，當時的畫家中沒有誰有過，因而他畫出了〈捉虱子〉、〈反內戰、反饑餓遊行〉、〈演劇隊的晨會〉這樣的作品一點也不奇怪。

　　但馮法祀一生坎坷，頗走「背」字。一九五六年他以四十二歲大齡和中央美術學院油畫系主任的身份，進了馬格西莫夫油畫訓練班，認真地向蘇聯老大哥學習，畢業的時候還畫了巨構〈劉胡蘭就義〉，可就在這一年被打成了右派，直到一九七九年才得以平反，復出後再次主持中央美術學院油畫系的工作。

　　馮法祀是徐悲鴻的高足，而且自重慶以來一直跟隨徐師辦學，一直跟到中央美術學院，當然與徐夫人廖靜文女士也很熟。晚年的馮法祀又長期擔任著徐悲鴻紀念館的教學培訓工作，對廖靜文女士傾盡畢生精力，保護徐悲鴻的大量作品和宣傳徐悲鴻的繪畫藝術，甚為欽佩。一九九九年他和廖靜文女士等一行人，應大連旅遊局金石灘度假區的邀請到大連海濱休假，在一個陽光明媚的高爾夫球場的草坪上，馮法祀為廖靜文女士拍了一張照片，回北京後便畫成了這幅精彩油畫。

　　草地上陽光明媚，照得大地、人物金燦燦的，廖女士興致極高，坐在白色的椅子上微笑著。馮法祀用半高調的色彩，藍黃對比，格外的強烈耀眼。細小的筆觸筆筆相擺，儼然徐師的風格，與徐悲鴻不同的是，在作畫過程中保留了不少意到筆不到的「空白」，並不一味的飽和與完整。

　　馮法祀晚年兩張最精彩的肖像畫都是為朋友妻子畫的，一是中大同學呂霞光的洋夫人；二是恩師兼同事的徐悲鴻夫人廖靜文。人們常說，水墨畫是晚年輝煌，而油畫則是吃青春飯。在馮法祀身上，後一句話沒有應驗。

廖靜文女士肖像

馮法祀　油畫　尺寸未詳　1999年　自藏

100 − **2000** 〈全家福〉 張曉剛（Zhang Xiao-Gang 1958-）

　　張曉剛，九〇年代以理性系列圖式著稱的畫家，是在當今的中國與國際前衛藝壇上都是有深度的大腕級人物。張曉剛出道早，成名晚。八〇年初，他隨四川美術學院的油畫群體崛起畫壇的時候，人們對他那種像火焰一般的梵谷式的風格是有過一陣驚喜的。不久，他在畫壇的位置便陷於一片空濛，在畫壇上銷聲匿跡。直到九〇年代，他的「大家庭」系列油畫出現，才使他躍居於中國前衛藝術的前列，成為人們在關注中國前衛藝術時，無法迴避的重要人物。

　　「大家庭」系列給人的感覺頗像張曉剛本人——靜如止水、好思考、不張揚的性格，他從前那種表現性的畫面和在筆觸中蘊含的情緒宣洩勁兒，到了這裡蕩然無存，就像舊照片給人的感覺一樣，一切均處在平靜、無言的歷史情境之中，與人默默相對。

　　這時的張曉剛就像許多前衛藝術家（如王廣如、魏光慶）那樣，在觀念、圖式的個人化成為自己最重要的藝術標誌和表達方式的時候，技法的神聖性已被完全顛覆，過去在民間流傳的炭精畫技法在他的手裡得到了精英化的運用，使「大家庭」的畫面，準確地傳達出了更通俗、更呆滯、更標準的反個性精神。

　　張曉剛的圖像資源和作畫觀念仍是文革式的，這是一代中國前衛藝術家較共同的取向，文革畢竟給中國人的心理和文化結構造成了太大的公共投影，因而很多人對現代化的思考均是立足於文革經驗，而作出反思獲得的。其中對個性的敬重，對標準化的批判，對繽紛世界的嚮往，對灰色的揚棄，可說是張曉剛敏銳感到的當下文化反思的內容之一。

　　文革時期，中國人幾乎每個家庭都有自己的全家福或家庭照片，但是那個時節，服裝是統一的，風紀扣、中山裝、灰藍色、國防綠、軍帽、平頭、像章，都一個譜系地貫徹於每一個家庭之中，尤其是家庭合影時，連女性的服飾都男性化。總之，標準化成了那時人們統一印在照片中的時代見證。張曉剛是敏感的，他選取了這一封閉、無個性的普遍有意味的中國式圖像，然後經過通俗手法的渲染，凸現了畫面中的文化批判指向，當然這種批判與王廣義的旗幟鮮明不同，是相當中性化的，在沉默中顯得更有深刻的力量。就像真正的悲痛，無須號啕大哭一樣。

　　畫面中的人物，在張曉剛的塑造下，神情木訥呆滯，連眼睛都是鬥雞式的對眼，這種筆調頗像魯迅的雜文，粗看起來，不免有幽默，實質裡批判的態度非常鮮明。這種中性式的批判姿態，若不反覆亮相不易被人接受，因而張曉剛不厭其煩地畫了這麼一組一組中國式的標準家庭。

▋ 全家福

張曉剛 油畫 200×300cm 2000年 自藏

國家圖書館出版品預行編目資料

百年中國油畫圖象＝The Chinese Art Icons of the 100 Years／劉新著
--初版--台北市：藝術家，
民 91 面；公分 —（20 世紀美術系列大陸卷）
ISBN 986-7957-28-8（平裝）
1.油畫-作品集 2.畫家-中國-傳記
948.5 91010266

20 世紀美術系列 *〈大陸卷〉*

百年中國油畫圖象

The Chinese Art Icons of the 100 Years

劉 新▲著

發行人 何政廣
主　編 王庭玫
編　輯 黃郁惠、徐天安
美　編 王孝媺
出版者 藝術家出版社
台北市重慶南路一段 147 號 6 樓
TEL：（02）23719692~3
FAX：（02）23317096
郵政劃撥：0104479-8 號藝術家雜誌社帳戶

總 經 銷 時報文化出版企業股份有限公司
桃園市龜山區萬壽路二段351號
TEL:（02）2306-6842
南部區域代理 吳忠南
台南市西門路一段223巷10弄26號
TEL:（06）2617268
FAX:（06）2637698

製　版 新豪華彩色製版印刷有限公司
印　刷 東海印刷事業股份有限公司
初　版 中華民國 91 年（2002）7 月
定　價 台幣 500 元

ISBN 986-7957-28-8
法律顧問 蕭雄淋

行政院新聞局出版事業登記證局版台業字第 1749 號